Theater, »die Welt im Drama«, war seine eine große Leidenschaft; Reisen, »die Welt im Licht«, eine andere. Mit dem geschärften Blick des Theaterkritikers hat Alfred Kerr Menschen beobachtet, denen er auf den weiten Reisen begegnet ist, und mit seinem ausgeprägten Sinn für Witz und Komik schildert er diese Reisebekanntschaften knapp und treffsicher: eben »in Kerrscher Manier«. So ergeben sich, mit den ›Fahrtgenossen‹ als nichtsahnenden Akteuren, Szenen, die in keinem Textbuch stehen, Auftritte, wie sie nur auf der Bühne des Lebens zu sehen sind.

»Eine große Bejahung der Erde«, eine große Bejahung all dessen, was darauf kreucht und fleucht – diese Haltung kommt auch in seinen Tiergeschichten zum Ausdruck. Ganz gleich, ob sie treuen Begleitern für lange Zeit wie dem Kater Miezislaus, dem Bullenbeißer Jonathan gewidmet sind oder flüchtigen Begegnungen mit namenlosen Vögeln oder Raupen – Kerr verzichtet fast ganz auf die gemütlich-sentimentalen Seiten des Genres. Statt dessen richtet er diesmal den genauen Blick mitfühlend auf vor allem die leidende Kreatur, ein Leiden nicht zuletzt durch den Menschen.

Alfred Kerr (ursprünglich Kempner), Deutschlands meistbewunderter und meistgehaßter Theaterkritiker seiner Zeit, wurde 1867 in Breslau geboren und studierte Literaturwissenschaft in Berlin. Er war Mitarbeiter zahlreicher Zeitungen und Zeitschriften, vornehmlich an *Der Tag*, dem von ihm geleiteten zweiten *Pan* und dem *Berliner Tageblatt*. 1933 Flucht aus Deutschland. Mühselige Existenz in London. 1948 erlitt er, als Besucher in Hamburg, einen Schlaganfall und nahm sich das Leben.

Im Fischer Taschenbuch Verlag sind bisher erschienen: ›Aus dem Tagebuch eines Berliners‹ (Bd. 14488) und ›Zwischen Paris und Rom‹ (Bd. 14808).

Unsere Adresse im Internet: www.fischer-tb.de

Alfred Kerr

Der Taucher und das Weh der See

Bekanntschaften mit Menschen und Tieren

Fischer Taschenbuch Verlag

Textgrundlage dieser Ausgabe ist
Alfred Kerr: Gesammelte Schriften in zwei Reihen.
Zweite Reihe: Die Welt im Licht.
2. Band: Du bist so schön!
S. Fischer Verlag, Berlin 1920

Veröffentlicht im Fischer Taschenbuch Verlag GmbH,
Frankfurt am Main, Mai 2001

Lizenzausgabe mit Genehmigung
des S. Fischer Verlags GmbH, Frankfurt am Main

Satz: Fotosatz Gutfreund GmbH, Darmstadt
Druck und Bindung: Clausen & Bosse, Leck
Printed in Germany
ISBN 3-596-15043-4

Gruß an Fahrtgenossen

Der Taucher

I.

Man sollte statt einer Reiseschilderung mal eine Schilderung der Mitfahrer bieten. Dies Folgende mag ein Anfang sein. Die Erinnerung hieran kommt mir, weil sie ulkig und farbig ist ... und hier der Regen gleichförmig und nordisch-traurig herabfließt. Herabfließt. Herabfließt.

II.

Als ich von Rom nach Neapel fuhr, saß in diesem Abteil ein Stationsvorsteher aus der Lombardei mit zwei Töchtern; dann ein Sizilianer, der sich nachher als Taucher zu erkennen gab; schließlich eine Genueserin, die ihr Kind säugte (während das andre Kindchen Bonbons aß) – wir wurden im Laufe der Fahrt miteinander bekannt: bildeten eine geschlossene Gesellschaft... Der Taucher, ein Palermitaner, in Algier ansässig, fuhr auf einem Umweg nach der Heimat, um sein väterliches Grundstück zu verkaufen: denn seit er eine Marseillerin geheuert, war er willens, von Sizilien für immer fernzubleiben und sein Leben in Algier zu beschließen.

Er war ein gewaltiger, schlächterhaft aussehender, schwarzer Mann, aber von gütigen und freundlichen Sitten. Hatte seine Laufbahn aus Liebhaberei begonnen, war in Marseille in Diensten einer Bergungsgesellschaft gewesen, hatte sich dann in Algier selbständig gemacht, viel Geld gewonnen, betrieb nun eine Art Seefrachterei im großen, wobei das Tauchen kaum noch eine Rolle spielte.

Er besaß Wagen und Pferde, fuhr mit der Marseillerin, wie er erzählte, jeden Sonntag glückselig über Land, bald nach Blidah, bald nach Maison-Carrée (unweit von Algier), bald nach Bouzarea und schien der Menschenfängerin Nordafrika mit Leib und Seele verfallen ... Seine Frau hatte Italienisch gelernt, weil er das Französische nur im allernötigsten Umfang meisterte; der Mann strahlte, so oft er von ihr sprach.

III.

Ich brachte nun in sein beruhigtes Dasein den erregenden Zug, indem ich anfing, ihm von den Schiffen der spanischen Armada zu erzählen, die damals im englischen Kanal untergegangen, – es gehe heut wieder die Rede davon, einen Versuch mit ihrer Bergung zu machen, ob er keine Lust habe, sich an dem Geschäft zu beteiligen...

Es war das Erste, was er hörte! Daß die Armada untergegangen, wußte er noch gar nicht! Ich erzählte ihm einiges von dem Krieg. Dieser Bericht über die Streitigkeiten zwischen Elisabeth und Philipp von Spanien, brachte ihn aus seiner behaglichen Zurückgelehntheit. Er setzte sich grade hin auf den vorderen Polsterteil und lauschte. Jedoch ein Geschäft war nicht zu machen, – zu diesem Ergebnis kam er bald. Er legte mir dar, warum. Für sein neu gegründetes Haus wären die Kosten zu bedeutend, auch wenn er nur einen Anteil übernähme, – und das Risiko sei enorm. So enorm, daß es beinah ein sicherer Verlust war, denn er glaubte nicht an die Hebungsmöglichkeit. Auch nicht an die Möglichkeit des Ausräumens. Es gebe da unten Strömungen, und er sei überzeugt, daß die Schiffe (schade um ihren schönen Silberschatz!!) heute ganz wo anders lägen. Und selbst angenommen, daß dieses oder jenes an dem Punkte festgehalten sei, wo es einst sank, so müßte man es ausgraben, denn der Sand, der Sand, ah der Sand habe längst alles umschlungen, bedeckt – jammerschade um den Silberschatz!

Er erkundigte sich zwischendurch nach dem anzunehmenden Werte des eingeschlossenen Barbestands, denn die Spanier mußten doch ungeheure Truppenlöhne mitgehabt haben. Ich knappste nicht mit der Höhe. Er bedauerte schwer und giftete sich über diese Unsummen...

IV.

Der Stationsvorsteher, ein älteres Herrchen von Wieselmunterkeit, mit einem Rötel-Teint, hielt aber die Ausbeutung der versunkenen Flotte nicht für unmöglich, er vertraute – als Norditaliener, der er war – ganz auf die Leistungen der modernen Technik. Sie machen heut alles! Warum nicht, – eh, eh, eeeeh!

Aber die es raufholen, werden nichts kriegen! Eine Gesellschaft wird alles schlucken! Eine Bank! Oder vielleicht Florio, der Schiffsmillionär! So ist es doch immer! ... Er war fidel, frühstückte mit den zwei Töchtern immerzu.

Von diesen (ich photographierte sie, die Fahrt endete mit einem Freundschaftsbund) war Erminia fünfzehnjährig, Ernestina einundzwanzigjährig. Die junge: schwarz mit knallroten Backen, ungeheure Esserin, es kracht alles an ihr, bei uns hätte man sie für neunzehn gehalten. Die ältere: blond, stiller, weicher, – anschmiegsamer ... Nachdem Erminia, die Esserin, in knackender Strammheit durch nichts in der Welt verschüchtert, zweieinhalb Wassergläser mitgenommenen Rotweins getrunken, machte der Vater eine Gebärde des Stolzes und sagte mir: »Die trinkt Wein ...! Das ist eine Echte!! was?!« Ich fand auch, daß Erminia eine Echte war.

Der capo stazione gab hiernach seine Ansichten über das Weintrinken folgendergestalt. Er trinke jeden Tag, den Gott gebe, regelmäß drei Liter Weins. Aber mehr nur selten. Drei Liter, wenn sie regelmäßigig getrunken werden, schaden niemandem. Aber – wohlverstanden – er trinke nur roten. Er werde wohl so töricht sein und weißen trinken, der zum Delirium führt, ... eeeeh! Weißwein? buona notte!! Das gibt es nicht! Allein der rote bringt Kraft und verlängert das Leben.

V.

Hierauf erklärte der Taucher, er trinke täglich fünf Liter Wein. Ich sah mit Überraschung, in wie tüchtige Gesellschaft ich gekommen war. Fünf Liter täglich brauche man schon; aber er stimme bei, daß der rote wirklich viel gesünder sei, als der weiße. Wenn er im Geschäft stark in Anspruch genommen sei (jedoch nicht beim Tauchen, natürlich), verpaffe er überdies drei Pack Zigaretten. Ohne die fünf Liter und die drei Pack könne er das Geschäft nicht bewältigen!

Seine Frau habe zu Anfang einen Widerwillen gegen Wein gehabt – sie trank nichts. Durch das Zusammenleben mit ihm habe sie sich aber nach und nach den Weingenuß angewöhnt, so daß sie jetzt unter fünf Litern täglich auch nicht mehr auskomme. Sie trinke genauso viel wie er selbst. Er gedachte mit stillem Leuchten der Marseillerin.

Und auch er gab nun seine Lehre vom Weintrinken. »Wissen Sie aber«, sprach er, »warum es uns so gut bekommt? Nichts ist leichter auseinanderzusetzen, ich will es Ihnen sagen, weder meine Frau noch ich, wir trinken niemals Alkohol.« Ich fragte: »Wie –? –?« Er sagte: »Weder Absynth, noch Cognac, noch Chartreuse und was es sonst gibt. Niemals! mai, mai! Das kommt bei uns überhaupt nicht vor!«

VI.

Die Genueserin, eine wohlgekleidete Frau von fünfunddreißig Jahren, hatte sich die Bluse wieder aufgeknöpft und gab ihrem Kinde zu trinken. Alle folgten teilnahmsvoll dem Vorgang. Sie erläuterte dabei, wie um sich für den Anteil erkenntlich zu zeigen, die Familienverhältnisse.

Sie sprach, daß dies Mädchen elf Monate alt sei und Nunziata heiße, sie sei ein so lebhaftes und fast wildes Kind, – die Vierjährige, Cornelia mit Namen, sei viel leichter zu erziehn gewesen. Sie fügte zu, mit einem Blick auf die Jüngste: »– è Salernitana!« sie ist in Salerno zur Welt gekommen: sie selber habe sich damals zu Besuch bei ihrer Schwägerin dort aufgehalten, jetzt reise sie wieder auf Besuch nach Salerno.

Nunziatina hatte großen Durst. Bei uns in Deutschland wäre vielleicht der Schaffner eingeschritten – oder ein Mitglied der Eisenbahndirektion? Aber hier ... Und das ist sehr schön und einfach-menschlich. Und alle solche Dinge hängen schließlich mit dem Klima zusammen. Nunziatina hatte mächtigen Durst.

VII.

Währenddessen lag die junge Erminia, die Esserin, halb wie eine Wurst anzusehn, verdauend in der linken Ecke, dann kam ich, dann die blonde, stille, schweigsame Ernestina, ihr Vater hatte die »Tribuna« vorgenommen, las; der Taucher schien zu rechnen, zu grübeln; draußen winkte die Stadt Capua. Der Zug flog weiter, ich saß zwischen den Stationsvorsteherinnen: die blonde, stille, ältere und ich wurden gegeneinandergeworfen, so daß wir unsre Schultern erst gewaltsam immer voneinander entfernen mußten – bis wir den Versuch aufgaben (weil der Zug so schlingerte)...

VIII.

Man sollte von Rechts wegen mal statt einer Reiseschilderung nur eine Schilderung der Fahrtgenossen geben. Das hier war ein Anfang. Die Erinnerung daran kommt mir, weil sie ulkig und farbig ist, ... und hier der Regen gleichförmig und nordisch-traurig herabfließt. Herabfließt. Herabfließt.

Die alte Frau

I.

Ich sitze halb schlaftrunken in dem Zimmerchen eines kleinen norwegischen Dampfers, – der an der Westküste dahinfährt, nur mit Eingeborenen.

In dem schlichten Zimmerchen steht aber doch ein Klavier, ein altes Instrument – wer weiß, aus welcher skandinavischen Stadt ... Gestern vor dem Einschlafen hab' ich darauf gespielt (weil das Dampferchen wehmütig zwischen den Felsinseln entlang strich). In der verlassenen Eßkabine. Wohnlich, doch nebelhaft fern von der Sicherheit großer menschlicher Siedelungen. Der Kaptein trank Tee; der erste Steuermann trank Milch und aß norwegischen Ziegenkäse, der braun wie Schokolade mit leichtem Glanz von Fett darüber ist, dann schweren holländischen Käse, dann englischen Käse. Der Kaptein trank Tee. So schwammen wir dahin...

II.

Oben in dem Schiffszimmerchen saß nachher eine alte norwegische Dame, vielleicht Abkömmlingin eines bauernadligen Geschlechts, mit großen grauen Augen und weißem Haar, achtundfünfzig. Sie saß und sann. Sie fuhr in die Nacht hinein; an der Felsküste hin; wer weiß in welchen verlassenen Ort ihres Landes. Der Abend schien zu frösteln.

Das Schiffchen glitt und schwankte verschollen durch die halbdunkle Salz-Einsamkeit, daß man die Tasten kaum niederzudrücken wagte. Sie klangen dann leise wie von selber. Es war, als wenn ein andrer spielte. Das dauerte vielleicht eine Stunde. Die Stunde ließ Erinnerungen an Franz Schubert, Beethovenklänge, Fragendes, dämmerige Tongespräche von fern durcheinanderwachsen, daß mir heimatlich zumut wurde mitten auf dem entlegenen Wasser dieses Atlantischen Ozeans. Einmal war dann das Spiel zu Ende. Nicht mit einem Schluß – nur mit einem Nichtmehrfortklingen.

III.

Die alte norwegische Frau schwieg. Nach einer halben Minute setzte sie sich grade, machte die großen Augen ganz weit auf und sprach, mit einem innersten Schmerz in aller Höflichkeit, daß sie tausend tausendmal danke. »Tusend Tak – og tusend, tusend Tak!«; noch Andres, was nicht zu verstehn war, sie schien sich an allerhand zu erinnern, – vor ihr lag ein grauer Abendrest des Lebens; die Wellen schlugen an die Holzwände des Schiffs, mitunter drang das Leuchten einer Boje in das Zimmerchen; und wir fuhren langsam vorwärts in die Ewigkeit.

Aber das dritte Mal?

I.

(Als ich nach Port Said kam, fiel ein junger Mann hinter dem Ladentisch um, Kolonialwarengeschäft, und war bald eine Leiche. Niemand ahnt, durch welche Ratte der arme, schlanke Mensch angesteckt worden; er wird verscharrt. Araber und Fellachen surren ihre Sprüche, machen Zeremonien.)

II.

Jaffa. Ein Türke, chef du train, prachtvoller, riesenstarker Mann; erzählt mir Unerhörtes von der Pest (die vor kurzem dort gehaust). Die Leute fielen um – wie die Fliegen. Mit allgemeinem Mißmut fing es an; sobald sich Kreuzschmerz einstellt, ist es erledigt. Nach zwei Stunden meldet sich der Tod. Kreuzschmerzen sind nach seiner Wahrnehmung der Anfang vom Ende.

III.

Täglich kam er mit Kranken in Berührung, mit soundsoviel verpesteten Warenballen. Der Bahnbetrieb konnte nicht eingestellt werden. Abends ließ er die Kleider, die er getragen, an der Bahnstrecke, jeden Abend wurden sie verbrannt; jeden Tag erschien er mit neuen ... man kann nicht sagen: Kleidern, sondern mit Leinenbehängen. Das ging Wochen durch. Der Körper triefte von Karbol. Er durfte keine Mahlzeit schlucken, bevor er nicht eine halbe Zitrone zu sich genommen, durch ihr Kauen sein Inneres gegen Bazillen gefeit. Um ihn herum fielen die Bahnbeamten und blieben liegen.

IV.

Nach zwei ... inhaltsreichen Monaten erst konnte man sich sagen: jetzt ist die Gefahr vorbei! Das alles hatte der Mann zum zweiten Male durchgemacht. Er blies den Rauch seiner Zigarette vor sich und sprach mit ziellosem Blick: »Mais pour la troisième fois? ...«

»Aber das dritte Mal?«

... Wenn er noch lebt, soll er gegrüßt sein.

Emmychen, liebes!

I.

Im Winter. Ich fliege nach der seligen Stadt Paris. Um herauszukommen. Für drei Tage.

Zwischen Brandenburg und Hildesheim: »Emmychen, liebes! Da bist du ja!« – ruft eine Dame, fünfundvierzig, unverehelicht (am Gesicht erkennt man das), die mit ihrer Tante (Potsdam) und mit dem Vater (achtzig, ohne Schneidigkeit, gedämpfter Landedelmanns-Stil, löwenhafter Kopf mit korrekt geschlichtetem Haar) zu einer Taufe fährt. Begegnung im Zuge. Emmychen hat erst wo anders gesessen: dreiundzwanzig Jahre (Potsdam). Offizierstochter auf zehn Schritt. Einfach, schlank.

Übersiedelung.

II.

Das fünfundvierzigjährige Fräulein, die sehr reizvoll-feine Züge von offensichtlicher Schönheit (und etwas Nervös-Verweintes um die Augen) hat, spricht, um ihrer Menschenpflicht zu genügen, zu der Tante; sie könne ihr »eine« empfehlen; verbreitet sich über sie. Mit der Vorigen wär es nichts geworden, selbst wenn man sie genommen hätte; bei Frau von der D. hat sie immer für ganz große Gesellschaften aus dem Vollen gewirtschaftet. »Die Sorte kenn ich; sind wütend, wenn sie nicht alle Tage Diners kochen können!« Dann eine, die beim Rittmeister von Z. vor seiner Verheiratung war. »Sie hat ihm Spargel auf den Tisch geschickt, nachdem sie draußen die Köpfe abgeschnitten hat. Nichts für Dich, Tantchen.«

III.

Die Tante: »Nein!« Sie erzählt unvermittelt, ihr Schwiegersohn habe gestern vormittags ganz schwach an ihrem Hause geklingelt – was war es? Er saß zu Pferd und hat bloß mit der Reitpeitsche auf den elektrischen Knopf gedrückt! Er macht es öfter: aber es ist nur ein mattes Klingeln ... Manchmal hat er durch Straßenkinder klingeln lassen, weil er nicht immer bis 'ran reiten will, das schallt dann viel heller. »Na, wie sich Trudchen gefreut hat, sie war grade bei mir zu Besuch, kannst Du Dir denken.« Trudchen ist ihre Tochter.

IV.

Die Fünfundvierzigjährige mit schönen, verweinten Augen erzählt, ohne daß ein Übergang erfolgt, sie sei mal in Potsdam ein Stück mit einem Irrsinnigen gegangen. Jetzt kommt Leben in das Gespräch. Ein Irrsinniger. Ein feiner Herr, der immer sagte: »Moltke hat mir viel von Ihnen erzählt.«

Sie merkt, daß er geisteskrank ist, aber sie hat nicht die Traute, von ihm loszukommen: er ging immer mit – ein grauhaariger Herr. Die Tante horcht verblüfft. Der alte Graf dämmert vor sich hin, er hat auf Erden das Seinige gekriegt; ist voll Teilnahmslosigkeit, völlig versunken. Emmy erschauert auf eine sehr niedliche Art. Sie erschauert für das ganze Coupée, bewußt, blickt zutraulich nach rechts und nach links, um festzustellen, ob man sie ansieht – und fragt zutraulich, wie die Cousine schließlich von dem Irrsinnigen losgekommen sei.

»Wir gingen um ein Boskett herum, er rechts, ich links, ich blieb nun auf dieser Seite, und als wir an Trudens Haus waren, sagte ich ganz ruhig: Adieu! – und rannte die Treppe rauf. Trude mußte mich stärken.« Erleichterung. Der Graf dämmert.

V.

Emmy bringt unvermittelt die Unterhaltung auf ein neues Gebiet, indem sie kurzweg fragt: »Habt ihr ›Seestern‹ gelesen?« Alle sind unterrichtet! Emmys Vater hat leider zwar jetzt so viel zu tun, daß er noch nicht dazu kam, »obschon es ihn« (sagt sie nachdrücklich) »als Offizier hervorragend intressiert«. Sie guckt, wie öfter, nach rechts und links, traulich und entschlossen, um festzustellen, wie bei Fremden ihre Äußerung einschlägt.

Der Alte mit den Löwenkinnbacken und den hellgrauen Augen erwacht aus der Versunkenheit, sieht ununterbrochen auf das Mädel, wie sie plaudert. Er ist achtzig, sie dreiundzwanzig.

VI.

Er läßt die Augen nicht von ihr; einmal, als sie um Entschuldigung bittet, weil sie im Eifer beim Hopsen des Wagens ihn leise stieß, spricht er: »Du hast mir einen ganz blauen Fleck gestoßen!« – mit galantem Lächeln. Ich denke: er spricht zu ihr noch immer wie ein Courmacher … (während er für alle Andren schlief).

Er läßt das Mädel nicht aus den Augen; etwas in mir fragt: Empfindet er nicht einen Schmerz, daß er in die Eiszeit entrückt ist; daß wundervolle Gebilde wie das da nicht mehr für ihn auf der Welt sind? Jeder kann deutlich sehn, wie er diesem Luderchen zu gefallen wünscht, wie die übrigen ihn gar nichts angingen, wie kokett er ist. Kokett und melancholisch. Schwermut liegt auf ihm … noch in diesem dämmrigen Emporflackern.

VII.

Ich sprach zu mir:

»Du bist jung, das Wetter ist mild – – und dieser Zug trägt dich in die selige Stadt ...«

Die Lina

I.

Auf einem Genueser Schiff nach den Kanarischen Inseln.

Ein kleines Mädel von drei Jahren hieß »la Lina«. Das ganze Schiff sprach immer von »la Lina«. Alle Stimmen fragten vormittags: »Dov' è la Lina? Wo ist die Lina?« Dann schrie jemand: »Sie steht an der Treppe und wird ins Meer stürzen!« Da rief immer eine andre Stimme: »Per l'amor di Dio! So wahr ich Gott liebe!«

Aber die Lina stürzte niemals ins Meer; ihre jungen Eltern wußten das jedesmal im voraus; lächelten; kannten das Wundergeschöpfchen und hielten auch ein Auge drauf.

Ihre schöne Mama sprach mit einer köstlich-einprägsamen, klanghellen Stimme irgendein Wort zur Lina hinüber; dies lombardische Kind schrie ihr prompt eine Entgegnung zu; mir kam das alles unwahrscheinlich vor, – ich wußte nicht, daß ein dreijähriges Geschöpf so sicher antworten, auftreten und am Gespräch teilnehmen konnte. Lina war goldblond mit riesigen schwarzen Augen ... So war sie ... Die jungen Eltern sprachen miteinander, und Lina gab ihren Senf dazu. Die Eltern sahen sie mit ernsten Augen an, machten kein Kindertheater her, sondern redeten mit ihr zu Dreien fast wie drei Erwachsene. Aber nicht altklug, sondern alle drei waren voll höchster Lebhaftigkeit. Die Lina setzte sich rasch an die Spitze des Gesprächs.

II.

Die Lina war an allen Punkten des Decks zugleich. Die Lina rannte, daß die Funken stoben. Die Lina mit ihrem Engelsgesicht kam wie eine Furie auf mich zugestürmt und schrie, ich solle sie rasch hochheben, sie habe »una barca« gesehn, und wirklich schwamm, als wir auf Santa Cruz zusteuerten, das erste Fischerboot heran ... Sie schwenkte, während sie sich mit der Linken an meinem Halse festhielt, die rechte Hand, rief die Andren herbei und flüsterte mir dann wichtig ins Ohr: »Sieh, die Barke! Oh, vedi la barca! Sie kommt näher! Sie fällt, sie fällt! Sieh, drei Segel« ...

Und sie schrie aus Leibeskräften hinüber zu dem Boot, über die Wellenspritzer weg, kletterte an mir hinunter, stürmte über das Deck; und nach zwei Minuten rief man: »Dov' è la Lina?« Worauf jemand schrie: »Sie steht auf der Brücke und wird ins Meer stürzen.« »Per l'amor di Dio!!« ...

Die Lina stand im hellen Licht, das Haar durchweht, vom Wind gehoben, ihre schwarzen großen Augen strahlten, als ob sie die Welt trinken wollten ... Ich konnte mich schwer von der Lina trennen. Ich nahm ihr Bild fünfmal in mein Leben mit.

Hofrat von Stellwag

I.

Österreichische Beamtenfrauen unterhalten sich. Unterwegs im Zug.

Die zwei Damen haben erst einander kennen gelernt; nachdem fangen sie an, ihre Verhältnisse durchblicken zu lassen; wobei jede eine so glänzende Schilderung davon entwirft, daß die andre sich ärgern soll.

Zu den Füßen der einen spielt, auf einer Reisetasche sitzend, ein hübscher kleiner Junge. Er hat eine Käfersammlung mit auf die Fahrt genommen.

Die Dame enthüllt nun langsam, doch mit erbarmungsloser Festigkeit am Thema festhaltend, die Herkunft und gewissermaßen die Hofhaltung des Knaben. Er war ein Adoptivkind. Sein Vater hatte zu ihrem Manne einst gesagt: »Weißt, wann i amal stirb, nimmst Dir den Buben!« Das war eine scherzhafte Äußerung, – aber was geschieht? Ein halbes Jahr darauf stirbt der Mann an Herzlähmung, er war Witwer, und der Junge kam wirklich in das Haus der Freunde. Sie hatten keine Kinder.

II.

Jetzt wird erzählt, wie es der Junge hat. Wieviel Sammlungen er sich anlegt, was er an körperlichen Übungen mitmachen muß. Die andre Dame wird immer beleidigter, wie sie das hört.

Zuletzt der Trumpf: sein Vormund und Onkel ist der Hofrat v. Stellwag in Wien, – der bekannte!

III.

Fritzl erhebt sein Käferbuch, auf dessen Vorderseite geschrieben ist »Friedrich v. Stellwag«, und zeigt es der fremden Tante.

Die schnappt nach Luft vor Ärger, und da ihr nichts einfällt, fragt sie fassungslos, ob man bald da sei. »Das Gefoahre, – net wahr?« (Wütend.) Die Andre läßt aber nicht locker: »Fritzl, hast denn die Zephir-Nachthemden in dein Kofferl 'tan oder die flanellenen?«

Sie kostet bis auf die Neige den Sieg, erbarmungslos.

Tödlicher Haß. Die Andre sieht bildhübsch aus. Es ist Sommer. Ich stoße sie sacht mit dem Knie. Sie läßt es. Gerötete Wangen.

(Verweile doch.)

Said, mein Diener

I.

Als ich von Asien mal nach Afrika zurückgekehrt war, von Jerusalem nach Ägypten, ritt ich auf einem Esel drei Stunden in die Wüste. War ein sogenannter Rasse-Esel (für die so viel bezahlt wird wie für ein Rasse-Pferd); er trug ein blaues Gestein-Kettchen um den Hals und goldne Münzen. Die feurigen Tiere dieser Eselgattung toben wie Rennpferde los.

II.

Der Araberjunge oder Mu Kâri lief hinter dem Esel her. Landessitte. (Wenn der Khedive oder jemand vom Hofstaat in Kairo ausfährt, rennen zwei Läufer mit Stäben vor dem Wagen; auch bei Galopp. Mißbrauch von Menschen, – aber sie tun an geistiger Arbeit so wenig, daß sie zu erhöhter Körperarbeit tauglich sind.)

Ich konnte doch nicht allein mit dem Esel in die Wüste reiten, da ich in diesem Viertel nicht Bescheid weiß. Wenn irgend eine Fatamorgana oder ein Wirbel-Samum oder ein Beduinenstamm... Endlich war mein Kompaß zerbrochen. Ich duldete das Mitlaufen des jungen Arabers.

III.

Es war ein schöner Vormittag, in der Ferne sah ich das Wüstengebirge, den Mokkatam, kein lebendes Geschöpf auf Stunden im Umkreis, die tiefste, vergessenste Einöd', pralle Sonne fiel auf versteinerte Pflanzen. Als wir ausruhten, sprach der Araber inmitten des gewaltigen Schweigens plötzlich deutsch. Er habe voriges Jahr auf der Ausstellung von Düsseldorf, 1902, Leute reiten lassen und sei mitgelaufen. Kurze Strecken; nicht schwere Tagestouren in die Wüste. Ob ich Treptow kenne; er habe dort 1896 die Gewerbe-Ausstellung mitgemacht.

IV.

Während wir nun so nebeneinander auf dem Wüstenboden saßen und meine Zigaretten aufrauchten – der Esel war entsattelt und wälzte sich auf dem Rücken – holte Said aus dem Hemde (dem Kleidungsstück, welches der Wüstensohn außer Pantoffeln und Turban trug) Zeugnisse. Daraus ging hervor, daß er, Said Hassan, einem westfälischen Architekten, dann zwei Gelehrten, zuletzt einem Grafen Dohna – Said bemerkte kurz: »Sächsisches General« – in Afrika Dienste geleistet.

Er begann, während der Esel quiekend grunzte (wie seinesgleichen in Afrika stets in wohligen und sehnsüchtigen Stimmungen tun, sodaß dieser Erdteil ein einziges Eselgebrüll zu sein scheint) – Said Hassan begann in der Wüste wegen seines Abgangszeugnisses zu verhandeln.

V.

Said war neunzehn. Er hatte sich nach dem vierzehnten Geburtstag vermählt, doch war die einzige Tochter erst acht Monat'. Indem er den Esel sattelte, sprach er still lächelnd, die Kleine sei sehr hübsch.

Ich prüfte, ob er in Düsseldorf seiner Gemahlin treu geblieben, und er gestand mit der Offenheit der Naturvölker, daß es nicht der Fall war.

Stabilierte seinen ethischen Standpunkt dahin: »Das jede Mann kann machen, wie er will, jaaa.«

Er fügte die Bejahungsformel häufig seinen Sätzen zu.

VI.

— — — — — — — — — — — — — — — — — —

An einem Nachmittag fuhren wir mit der Eisenbahn nach Heliopolis. Hassan hatte gebettelt mitzukommen. In Heliopolis standen eingeborene Eseltreiber. Er strahlte vor Glück, als die Dorfaraber ihn bedienen mußten. Wurde zugleich nicht müde, darauf hinzuweisen, wieviel schlechter diese Esel wären, als der seine.

Wir sahen in der Farm von Heliopolis achthundert Strauße, darunter ganz junge, von vier Tagen, groß wie ein Huhn; ungeheure Eier, in Haufen bis zu vierzig Stück auf dem Erdboden, die Schale wie von Eisen.

Als ich mich in der Straußfedernabteilung auf einen Stuhl setzte, machte der beleidigte Said den Wächtern pathetische Vorwürfe, daß sie ihm keinen Stuhl gebracht; ein Versehen, das gleich ausgeglichen wurde. Er sonnte sich. Bald wieder vergaß er die Würde und plauderte mit den Wächtern zutraulich wie ein Kind.

VII.

Ich verbrachte mit Said manchen guten Tag. Er war mein ständiger Diener.

Einmal bat er mich, ihn zu den Bauchtänzerinnen mitzunehmen. Ich stimmte zu, aber ich fragte mich, ob unser Beisammensein den Zweck hatte, daß er mich herumführen oder daß ich ihn herumführen sollte …

Kühle war niedergesunken, der greuliche Staub hatte sich gelegt, die ganze Stadt duftete nach Rosen. Auf der Straße wartete Said. Er hatte seinen Bruder mitgebracht …

So schlich der Bruder, immer zehn Schritt entfernt, mit uns beiden durch die Abendluft, tief ins arabische Viertel. Ich war der einzige Europäer; und Gegenstand vieler Huldigungen (beim Trinkgeldsammeln).

Die arabischen Tänzerinnen trugen aus Ehrgeiz europäische Sonntagnachmittagsausgehkleider. Ein Jammerbild. In denen machten sie metrische Zuckungen mit den Hüften, der Brust und sonstigen Muskeln. (Acht Mann mit Maultrommeln, Flöten, Dudelsack spielten eine Begleitung, zu welcher der ganze Chorus sang. Vermischung von Tingeltangel mit morgenländisch alten Bräuchen.)

Said und sein Bruder waren auf der Höhe. Said, in den Stuhl zurückgegossen, an der kleinen Mokkatasse nippend, schnalzte; erging sich gurgelnd in lyrischen Auswüchsen.

Ich hatte genug; doch er war nicht wegzukriegen.

VIII.

. . . .

Said hatte seinen Esel unnötig geschlagen. Auf meine Vorwürfe sprach er: »Ich bin schuldig, mein Herr, ich bin ganze schuldig, jaaa.« Dann mit einer Verneigung: »Mein Herr, – ich bitte, mein Herr, um sehr Verzeihung, jaaa, jaaa!« Gutwillig, voll Demut, bewegt.

Als ein arabischer Händler einen Preis nannte, sagte mir Said vierzig Pfennig mehr, – die er sich nachher abholen wollte. Ich bezahlte dem Händler den richtigen Preis (ich hatte die arabischen Zahlen gelernt) und strafte Said mit Verachtung. Er krümmte sich. Dann begann er mit leiser Stimme, sich zu beschuldigen, sich zu tadeln, zu verwünschen, – er bat, ich möchte ihn fortjagen, hob meine Güte hervor; er weinte, –:

»Mein Herr, – ich bitte, mein Herr, um sehr Verzeihung, jaaa, jaaa!«

IX.

Am letzten Abend gab ich ihm ein paar Mark über den festgesetzten Tageslohn. Schweigender Glanz hing an Said.

Am frühesten Morgen kam er. Setzte sich dann auf meinen Bock; mit beglückter Wichtigkeit. Feuchte Augen.

… Beim Abschied rief er (das war eine Aufmerksamkeit): »Herr Prufessa! Herr Gi-aimrat! Auf Wiedersehn, jaaa, jaaa!«

Die Moselmagd

Sie war tagelang um mich, in einem Gasthof an der Mosel. Knochig-jung. Und stark. Wie frisch von der Weide geholt.

Es gefiel ihr nicht. Sie fing zu reden an.

Man hätte nichts von seinem Leben; spät schlafen und früh geweckt. Der Wirt passe so scharf auf, »wenn mer emal nach em Soldade guckt«.

Dann, wie um sich zu trösten: »Mer bleibt ja nit ewisch hier – 's wär' mer leid!«

Wer herumreisen kann, hat's gut; sie sei auch schon mal nach Trier gekommen, zum Kongreß. Zu was für einem Kongreß? – »Zum eucharisdische Kongreß!« Das war großartig; alles kirchlich; und viel zu sehn; und Leut'!

Sie ging mit einem halben Laib Brot gesenkten Kopfes ab.

Der Rheinkellner

I.

Die Leut' in Koblenz sind, wie man es hier ausspricht, »feurisch«. Auf eine sehr gewinnende Art zur Aufsässigkeit, zum Widerspruch, zum Hochgehn veranlagt.

Sie standen truppweis auf der Straße, zwischen den Weinwirtschaften, und redeten bis tief in die Nacht; und hundert vielfältige Schatten oder umdunkelte Lichter kamen aus den Winkeln des alten Viertels.

II.

Im Einschlafen klangen mir die melancholischen Worte des Kellners im Ohr, der mir auf dem Rheinschiff (es war zu meiner Freude ganz leer) das Nachtessen gereicht hatte. Der grauköpfige Mann, Ende fünfzig, kam nicht drüber weg, daß er vor fünfunddreißig Jahren Bankrott gemacht hatte.

Tja, das vergißt man nicht. Er hatte sich als Kellner im oberschlesischen Kohlenbezirk achtzehntausend Mark erspart, hiervon eine Kneipe begründet – »in Berlin, in der Kronenstraße«, sprach er schwermütig – und sofort in sechs Monaten alles verloren.

Er zehrte gedankenvoll an dieser Erinnerung als betagter, hin- und hergestoßener Rheinkellner ... und dauerte mich.

III.

»Mein Fehler war«, sprach er, »daß ich alles bar bezahlt habe!« – als ob es gestern gewesen wäre, nicht im Jahre 1881. (Man schrieb 1916.)

Er sprach: »So ein Geschäft soll man auch nicht aufmachen, wenn man keine Frau hat.« Er hatte keine.

Ich hüllte mich in den Mantel; das Dunkel kam; ich war der einzige Mensch auf Deck.

Der Bayer in Trier

I.

In Trier war der oberste Angestellte des besten Gasthofs, als ich vom Hunsrück hinkam, ein Bayer. Da er die Zahl »fuchzig« statt fünfzig nannte, rief ich sprachvertraut: »Sie sind aus Bayern!«

Durch diesen zutreffenden Ausspruch gewann ich seine menschliche Achtung.

II.

Wenn die Gäste nach dem Aufstehn ins Frühstückszimmer gingen, grüßte der junge Bayer in seinem kurzen Zivilrock manchen, indem er stets den Beruf höflich hinzufügte. Beispielshalber sprach er zu einem Herrn artig: »Muagen, Herr Rittmeister!« Es waren viele Rittmeister da. Und wenn ich kam, rief er dienstfertig: »Muagen, Herr Schriftstöller!«

Ein freudvolles Gedenken bewahr' ich seiner gestrafften Munterkeit.

— — — — — — — — — — — — — — — — — —

Ich spreche gern unterwegs mit Menschen, wenn sie nicht Vergnügungsreisende sind; oder mittels gebildeter Äußerungen die Gegend schänden; oder, Gott behüte, sich mit Kunst, Literatur, Wissenschaft befassen.

Muagen, Herr Schriftstöller!

Der Norwäächer

I.

Auf einem Ölkahn zwischen Pommern und Norwegen. Es gießt. Ich glotze vor mich in die kimmerische Wasserwelt, in das grauweiße Nichts.

Nur fünf Menschen. Darunter ein Leipziger Ehepaar.

Wie doch Germanen (außer den Engländern) sich anpassen; sich »grün machen« ... Die Sächselei beider Gatten war unerhört. Ich verbiß mir das Lachen, als er über eine Schiffsagentur schimpfte: die Leute hätten zu geringe geschäftliche Tüchtigkeit und seien »gaist'ch dot«.

II.

Doch es stellte sich heraus, daß der Mann ein Norweger war, ein »Norwäächer«. Hatte seit sechzehn Jahren die Vertretung von Papierfabriken in Leipzig (und schon vorher eine Deutsche geheiratet.) Eine Sächsin. Zwei Töchter, wovon die eine bereits vermählt war. (Die andre half im Papierlager.)

Er besuchte jetzt, wie alle zwei Jahre, die Angehörigen in Kristiania.

Die Frau war erregt, daß wir infolge falschen Fahrplans nur diesen Ölkahn erwischt hatten, das Hauptschiff erst an der dänischen Küste einholen sollten. Sie rief, es sei ihr auf die Nerven geschlagen! »Ja, wenn'ch mich hädde aaswein' genn'!« Das hieß: es wäre ihr besser bekommen, wenn sie sich hätte ausweinen können.

III.

Daß in solcher Umgebung sich der Norwäächer seine Sprechart beigelegt hatte, war nicht zu verwundern. Er verkörperte mit vollkommener Täuschung einen Sachsen. Alle Eigentümlichkeiten des mitteldeutschen Geschäftsmannes mit Provinzanstrich. Bis auf die Krawatte und den spitzen Kragenknopf darüber. Ich konnte schütteln, wie ich wollte, es fiel nichts heraus als ein Sachse.

IV.

Wir sprachen über die Trennung seines Vaterlandes von Schweden. Das Volk, sprach er, sei republikanisch gesinnt, sie hätten Kosten sparen können, – es sei für die dortigen Vermögensverhältnisse zu teuer, ein »Geenigshaas« zu erhalten; das koste stets »ä Sticke Geld«. Nun gingen auch die paar reichen Leute, wie Fridtjof Nansen, wahrscheinlich ins Ausland als Gesandte, damit würden sie für Norwegen steuerfrei, der Landessäckel ärmer … Es sei überhaupt in wirtschaftlicher Hinsicht »merkwärdch« da oben. Wenn man einen Kaufmann geschäftlich sprechen will, ist er nie zu treffen; wer irgend etwas auf sich hält, beschafft sich eine Landwohnung neben der Stadtwohnung, kommt ins Geschäft auf eine halbe Stunde.

Er sah seine Landsleute in Norwäächen bereits als Kuriosum an. Er habe zwei Brüder, die hätten gleichfalls »da oben« nicht bleiben wollen und lebten jetzt in Newyork. Er sprach immer von »da oben«. Es schade den Leuten da oben, daß sie so abseits vom Weltverkehr lägen – jeder einzelne sei ungelenk, ich solle nur auf diesem dänischen Schiff mit einem norwegischen Matrosen sprechen; sie hätten »so was Monodones in der ganzen Benehmität« …

V.

Die Frau erzählte, daß sie auf ihrem eignen Grundstück, wo das Papierlager sei, jetzt Gleisanschluß an die Bahn hätten machen lassen. Ihre zweite Tochter wollte besuchsweise nach Newyork fahren – aber da habe sie ein Theaterstück, »Muttersäächen« (Muttersegen) gesehn, darin kam ein junges Mädchen in der Fremde vor; das habe sie sich so zu Herzen genommen, daß sie nicht niebermache.

VI.

Vielerlei erzählten sie. Nette, gute Leute. Und der Mann war der erste Norweger, mit dem ich längere Zeit hintereinander gesprochen habe. – –

(Juden oder Engländer sind schwerer zu verwechseln, zu versächseln …)

Das Glück, der Pfaff und der Pommer

I.

Liebe, verflossene Schiffsgefährten. Buenos Aires war die Stadt ihres Ziels.

Bürgerfamilien Italiens; wohlhäbig, voller Leben und Getrieb, mit vielen gutangezogenen Kindern von fünf bis zweiundzwanzig Jahren – die alle glückseligen Lärm machten.

(Familien, die zwischen Italien und Buenos Aires pendeln, wie deutsch-amerikanische Familien zwischen Bremen und Newyork.)

Auch die hübsch angezogenen Mamas (mit schwarzen Augen) lärmten auf italienisch, und das Weltmeer war blau, und alle freuten sich ihres Daseins. Ich mit.

II.

Ein italienisches Schiff. Nur noch ein Deutscher darauf außer mir, der konnte die fremde Sprache nicht. So war ich allein der Gesprächsgast dieser daseinsvollen, lebhaften Bürger.

Ich werde sie kaum wiedersehn, obschon zwei Oberhäupter mir das Wort abverlangten, einmal in ihrer Stadt umzechig bei dem einen und bei dem andern »zu schlafen und zu speisen«, sie setzten einem die Pistole auf die Brust – »mangiare e dormire!«, und das alles waren keine Redensarten. Ich versprach mein Bestes.

III.

Unerwartet gibt es manchmal im Leben etwas fabelhaft Leuchtendes, Frohes, Ungetrübtes, Köstlich-Harmloses, das man in diesem Zeitpunkt, an dieser Stelle nicht vermutet hat. Es ist kaum zu wissen, was an solchem Zusammensein so schön war. Es gehört hierhin dieser Ausnahmezustand: eine geschlossene Gesellschaft eine Woche lang auf einem guten, nicht zu großen Ozeanschiff zu sein – und zu wissen, daß man sich nach dem Schluß dieser Woche wahrscheinlich nie mehr treffen wird.

Die kürzesten Bekanntschaften sind die angenehmsten im Leben.

— — — — — — — — — — — — — — — — — —

IV.

Einer in diesem Kreis war ein Pfaffe. Mit flachem, schwarzem Rundhut ... Ein prachtvoller Gesellschafter mit lachend schwarzen Augen. Alle sprangen mit ihm ohne besondere Ehrfurcht um, als ob er irgendeinen bürgerlichen Beruf gehabt hätte.

Da er sah, wie weltlich alle gesonnen waren, unternahm er keinen ernsteren Versuch, ihre Stimmung zu erschüttern. Sondern entschloß sich, ein paar der »schönsten Tage seines Lebens« mit uns zu verbringen.

V.

Seine fünfunddreißigjährigen Lichter hafteten länger auf Frauen und Mädchen als auf Mannspersonen, er aß und trank in großem Glück, und sein Lachen (es war ein halb sehnsüchtiges Lachen) blieb für jedes Beisammensein eine notwendige Zutat.

Er verteilte Rosenkränze an die Damen, Heiligenbilder an die Kinderchen, – aber die einen nahmen es wie ein Hofmachen, die andren wie ein Spielzeug. Er begnügte sich, die Pflicht erfüllt zu haben ...

VI.

Jeden Morgen um acht Uhr tat er ein köstliches, halb violettes, halb weißes Gewand an und las im Damensalon einsam die Messe. Sein Publikum saß ein Stockwerk tiefer am Teetisch und blickte (der »Damensalon« ist nur die obere Galerie zum Frühstückszimmer) hinauf, sobald man ihn bemerkte, und die Stimmen riefen »Ah, reverendo, – buon giorno!« Und ein zwölfjähriges Mädel rief, sie müsse noch etwas heißes Wasser zum Tee haben; und ein neuer Tag des Glücks begann.

VII.

Er zog sein farbiges Gewand aus, tobte mit uns auf Deck herum; seitswärts sprangen die Delphine durch den weißen Schaum des blauen Wassers; und am Schlusse sprachen er und ich immer lateinisch miteinander, – zum Zorn der neugierigen

Weiblichkeit, als welche gern beiden die Augen auskratzen wollte.

Manchmal schrien er und ich Verse der Göttlichen Komödie abwechselnd über das Wasser. Und alles taumelte vor Lachen auf dem sich hebenden und senkenden Deck; und weil die Sonne auf die Wellenspritzer schien, gab es einen anderthalb Meter langen Regenbogen, der immer kam und immer ging ... Und ich weiß jetzt, daß in dieser Stunde das Glück zwei Schritte von mir stand. Es war immer zwischen uns und lief mit über das Deck ...

VIII.

. . . .

Ein Deutscher, heimisch am pommerschen Bodden, prachtvoller Herr Mitte Fünfzig, Forstmeister mit Bart, blondgrau, war für mich der andre Pol. Oder sozusagen immer der Zwischenakt. Sie konnten sich mit ihm, er sich mit ihnen ja nicht verständigen, aber sie sagten mir Freundliches über ihn: man merke, daß er ein ganzer Mann sei; es wurde wenigstens die pantomimische Höflichkeit des Zutrinkens und des wechselseitigen Einschänkens zwischen ihnen häufig getauscht.

IX.

Und immer, wenn der italienische Teil den Zwischenakt hatte, kamen wir zwei Deutsche miteinander in das ernste, lange Gespräch, das zu den »letzten Dingen« vorrückt; wir beide standen im Dunklen auf Deck – und stritten weniger, als daß jeder das Seine beitrug zur Betastung der Fragen, die windgeschaukelte Menschen angehn.

Und es war diesem Gespräch (mit Brocken in schnurrigem Platt) nicht abträglich, daß dabei Vollmond über ein erregtes, doch mildes Riesenmeer schien ...

X.

Ich weiß, daß in dieser Stunde das Glück zwei Schritte von mir stand. Es war immer nahe bei uns und lief über das Deck.

Die Schiffsgesellschaft

I.

Eine deutsche Schiffsgesellschafft mit Geheimrätinnen und Regierungsräten und Bürgern aus Hamburg und Dresden kam einst (ich hatte das vormittägliche Glück, dabei zu sein) in ein afrikanisch-andalusisches Wirtshaus. Für kurze Zeit hatte das Schiff angelegt. Man wollte Tänze sehn.

Harmlose Frage des Wirts: »Sollen die Mädchen tanzen wie gewöhnlich?« Harmloser Bescheid: »Ja, wie gewöhnlich.« Etwas Furchtbares ereignet sich. Alle zehn tanzten und hatten bloß schwarze Strümpfe an.

II.

Die Rätinnen saßen gelähmt. (Schlange. Basilisk.) Rührten kein Glied vor Starrheit.

Die Ritter schauten mutig drein und in den Schoß die Schönen.

Nachher, o Gipfel, stieg eine Spanierin vom Tritt und ging mit dem Teller sammeln. Die Spannung löste sich. Zwei Damen stürzten davon. Doch ein uralter Herr mit weißem Affenbart und rotem Gesicht, ähnlich wie Sokrates oder Darwin, im Bayrisch-Fränkischen zuhaus, gab der Sammlerin lächelnd auf den Popo einen Klapps, daß es schallte.

III.

Des nächsten Tages ging ein Regierungsrat unter der Schiffsgesellschaft herum und bat in angemessener Haltung, das »peinliche Thema« im Gespräch »selbstverständlich« nicht zu berühren...

Das Ganze bleibt einer von jenen Zwischenfällen, an die man sich noch im Sarg erinnert. Die frische Märzenmeersonne des Südens lag über allem. Der Tag lachte.

Gierschlung

I.

Ein Dänenschiff auf der Fahrt nach Deutschland. Gabelfrühstück. Fünf Jahre vor dem Weltkrieg. In Kopenhagen sind Berliner zugekommen.

Als sie vierzig Schüsseln, darauf kaltes Geflügel, Ochsenzungen, Spickaal, Kaviar, Sardinen, Anchovis, Krabben, Krebse, Hummerkonserven, kalte Beefsteaks, Hammelkoteletts, gefüllten Schinken, dänische Salami, sechs Käsesorten, Appetitsilt, Leberpastete, kalten Bratfisch, Radieschen, Kompotts und Tomatenhälften vor ihren ... erst starren, dann übergehenden Augen erblicken, vollzieht sich etwas – –.

II.

»Und sie erhoben die Hände zum lecker bereiteten Mahle«, sagt Homer. Hier erheben sie nicht nur die Hände, sondern gewissermaßen beinah die Beine, der Schaum steht ihnen vor dem Munde, die Brillengläser laufen an. In der schrecklichen Hast (weil nichts herumgereicht wird, sondern alles dasteht und jeder fürchtet, es könne weggegessen werden) – in der schrecklichen Hast schlingen sie alles ohne Reihenfolge durcheinander, den Gorgonzola zuerst, wenn er in der Nähe ist, dann einen hastig ergrapschten Hühnerflügel, hierauf eine Tomate, fünf Scheiben Räucherlachs, – dann ein tiefer Griff in die Hummerkonservenbüchse, ein Kratzen und Scharren darin.

(O wenn ihr ahntet, – gestern zum Frühstück im Fjord hat der Schiffskoch drei große Schüsseln mit Hummern hingestellt, und wir haben jeder ein paar Kilo in aller Ruhe davon gegessen.)

III.

Die Zugestiegenen haben kaum an dem Tisch Platz genommen, als keine Spur Kaviar mehr übrig ist, – auf ihn haben sich einige beherzte Männer geschmissen und ihn sofort alle gemacht. Die Damen, darunter zwei Lehrerinnen, die mit heißen Backen und glühenden Augen essen, schrein fortwährend nach neuem Kaviar. Die dänischen Kellner stehn und... staunen nicht mehr, denn sie kennen die Gäste.

Wirken vornehmer als die.

IV.

»Edewacht, bist woll froh wie Mottchen?« ... »Stuart, nu jeben Se man ne Pulle Rotspon, – Chateau Leofiel!« Geschrei. Am Schluß der orgelnde Gesamtruf: »Noch'n Aquavit! Noch 'n Aquavit! ... Aquavit! ... Aquavit! ... it! ... it! ... it! ...« (fortissimo).

Eine weißhaarige Dame aus Stockholm will sterben.

V.

Ich sage mit einem Blick auf die Berliner Blase zum Kellner: »Glauben Sie bitte nicht, daß alle Deutschen so sind.«

Er (lächelnd): »Ich weiß. Nur die, die zu uns kommen«...

Dann: »Haben Szie mal Szachsen auf ein Schiff geßehn?«

Die Exdeutschen

I.

Ich fahre von der französischen Nordküste nach unsrer Hansagegend. Das ganze Schiff ist voll von Exdeutschen.

II.

Der mildeste Fall.

Ein Familienvater mit fünf Kindern und einer Frau. Stramme Jungens, geweckt, gute Tänzer. Sie werden Elektriker, Brückenbauer, mögen beim Tode viel Selbstverdientes hinterlassen – neben dem, was sie vom Alten ererbt.

Der Alte ist noch nicht alt; später Vierziger von großer Sprungfähigkeit. Vor dreißig Jahren hat er Norddeutschland verlassen. Sagt selber, daß er drüben »Erfolg gehabt«. Sehr geneigt, alles, was er in Deutschland treffen wird, wundervoll zu finden. Also doch wohl kein Abtrünnling?

In Deutschland, später, begegnet mir die Familie; Händeschütteln. Berlin sei schöner als Newyork – und was dergleichen mehr ist, versichert Mister X.; aber es fällt ihm nicht ein, sich dem deutschen Vaterland wieder anzuschließen (wie es die Italiener mit ihrer Heimat dennoch tun, wenn sie draußen genug Geld verdient haben, oder die Schweizer, oder die Griechen). Sondern er verpflanzt seine Prachtburschen und sein Geld in einen Staat, den sie alle zusammen für besser halten. (Merkmal: im Äußern das Yankeehafteste, was man sich vorstellen kann. Etwas so amerikanisch Aussehendes gibt es nie wieder, wie diese Deutschen ...)

III.

Schärferer Fall. Ein Oldenburger von fünfunddreißig Jahren. Fünf Jahre drüben gewesen; im Aussehn kompletter Amerikaner auf dreihundert Schritt. Wird in einem halben Jahr den Hausstand mit einer südamerikanischen Dame (seiner Verlobten in Newyork) aufmachen. Erklärt offen, daß er nie wieder in Deutschland leben will. Die nicht auszurottende Liebe zur Heimat ist stark. »Wissen Sie, in Amerika drängt es mich, mit Deutschen und für Deutsche zu arbeiten, so teuer ist mir das alles, ... aber in Deutschland leben, unter gar keinen Umständen!« Es sei ihm zu eng. – Was er unter »eng« verstehe?

Da erzählt er los.

Der Grund liegt in Erlebnissen, während er sein Jahr abdiente. Sein Vater, weil er ein offenes Ladengeschäft betreibt, war Ursache, daß er nicht Reserveoffizier wurde. Die Leistungen vorzüglich. Der Oldenburger schwor Stein und Bein, daß von dem Augenblick ab, wo die Lebensumstände seines Vaters bekannt wurden, er (mit den zwei jüdischen Einjährigen) kalt gestellt worden sei. Der Ärger, nicht über den unerklommenen Rang, mehr über das nach seiner Meinung erlittene Unrecht hätten im ersten Zorn ihn veranlaßt, mit dem Strom hinüberzuschwimmen; jetzt habe er dort einmal Fuß gefaßt. Amerikanischer Bürger. Die Gegend zwischen Frankreich und dem Böhmerwald hat das Nachsehen.

Ich behalte den Satz des bereits glattrasierten Mannes im Gedächtnis: »Ich möchte für Deutsche arbeiten – aber nicht in Deutschland.«

IV.

Drittens: Der Besitzer einer deutsch-amerikanischen Zeitung. Lebt seit fünfzehn Jahren drüben, in der Provinz. Hat sich äußerlich ganz als Deutscher gehalten; mit blondem Schnurrbart und Kneifer; wirkt wie ein Mittelding von Student und flottem Amtsrichter. Ist Landwehroffizier. Spricht rheinisches Deutsch – ungebrochen!

Er hat drüben ein schweres Amt; kämpft für die Aufrechterhaltung des Deutschtums, – weiß aber: verlorener Posten.

Alle fallen sie ab, erzählt er, kaum daß sie drüben warm geworden sind. Unmöglich zu halten. Können nicht mehr ordentlich deutsch, noch lange nicht englisch reden, quatschen ein furchtbares Kauderwelsch, leben eine ganze Generation lang als greuliche Zwitterwesen, weder Deutsche noch Amerikaner. Doch ihre Kinderchens sind Yankees, wie sie im Buche stehn.

Ich frage: »Warum der Abfall?« – »Ja«, sagt er, »ich werd' Ihnen mal was erzählen. Als ich das letzte Mal meine Eltern besuchte, will ich an den Stammtisch gehn. Kleine Stadt, Honoratiorentisch, wissen ja. Ich sage zu meinem Bruder, der indes rangewachsen ist: ›Jung!, komm' mit.‹ ›Nee‹, sagt er, ›geht nicht.‹ ›Nanu?‹ Da drockst er: der Landrat gehöre zum Stammtisch und ein Regierungsassessor, und wenn ich auch selber dort willkommen sei, weil sie mich von früher kennen und ich den entsprechenden Rang habe, dürfe er, ein nicht selbständiger Kaufmann in dem Nest, da nicht wohl ran; es gehe nicht. Ich hab' ihm den Kopf gewaschen und ihn mitgenommen ... Aber ich frage Sie, ob Sie jetzt verstehn, weshalb es den Leuten drüben besser gefällt als bei uns.«

V.

Bei Tisch wurde die »Wacht am Rhein« gespielt. Am letzten Tag. Die Exdeutschen sangen begeistert mit.

Schloßgäste

I.

Im Zug nach Schlesien. Wer ist das? Drüben in der Ecke zwei Damen; eine vierzig, eine zwanzig. Amerikanerinnen? Wo hat man sie getroffen? In der Regentenstraße. Damals nur beiderseits durch die Menge geschwebt.

Beriechung (wie Bismarck sagt); freundliche Annäherung.

Schließlich tut einem vom Englischreden das Gesicht weh. Englisch zu sprechen ist sehr anstrengend, wenn man dieses Idiom gut spricht. Aber noch viel anstrengender, wenn man es so schlecht spricht wie ich. Draußen strömt der Regen. »Es treescht« – wie zwischendurch eine Stimme, da wir schon auf schlesischem Boden sind, schreit.

Es treescht...

II.

Meine Tochter studiert Piano, bei Mr. Ypsilon, wir sind mit ihm aus Amerika nach Berlin gegangen; jetzt macht sie eine Pause, den Sommer durch. Eingeladen. Wo? Kreisau, beim Generalstabschef Grafen Moltke. »Was haben Sie für Berührungen mit diesem Hause?« Sie lächelt überlegend, will sprechen, besinnt sich dann anders und fragt (ihrerseits):

»Wissen Sie, warum Mistreß Ypsilon, die Frau des Lehrers meiner Tochter, immer so unwirsch gestimmt ist?« – »Ich weiß es nicht.« – »Dann will ich es Ihnen sagen: darum, weil sie nicht den rechten Glauben hat.« Ich wage die Ansicht, daß es mehrere rechte Glauben gibt. »Ja«, sagt sie wider Erwarten, – »davon sprech' ich nicht. Ich spreche nicht von Konfession oder Religion. Das ist mir egal. Die christian science ist bei jedem Glauben anwendbar, ob man lutherisch oder katholisch, ja sogar israelitisch ist. Meinetwegen heidnisch und kannibalisch. Aber die christian science ist, in Verbindung mit irgendeinem Bekenntnis, auch der Bekenntnislosigkeit, der rechte Glaube« – »Ach ...?«

Die Tochter sitzt senkrecht neben ihr, mit dunklen Augen. (Die Mutter, sehr reizend, wird von dem stillen Mädchen mit einer starren, blumenfreundlichen Ruhe unterstützt.) Sie reden Duette.

Erzählen, daß im Menschen der Teufel mit Gott oder das Übel mit dem Guten fechten, was ich freudig zugebe. Dann, wie der Teufel zu entfernen sei. Ziemlich einfacher Vorgang. Dann kommt etwas von durchgehenden Strömen, die durch Subjekte wie durch Objekte gehn. Bei Kindern am einfachsten, man dürfe keinen Widerstand entgegensetzen. Und so.

III.

Ich denke: Um Gottes willen nicht unterbrechen ... immer weiter sprechen lassen, immer weiter ...

Sie teilen vertraulich mit, daß jede Krankheit ohne Medizin, nicht durch Allopathie oder Homöopathie, sondern durch christian science am zweckmäßigsten kuriert wird. Sogar Krebs. Besonders Krebs. Auch natürlich Tuberkulose.

Gleichsam eine Äußerung zur Sache erbittend, schweigen sie dann – worauf ich murmele: »Man sagt: bei der Allopathie stirbt der Patient an der Medizin, bei der Homöopathie stirbt er an der Krankheit.« Sie lachen; der Frohsinn dieser geschlossenen Persönlichkeiten bringt mich von dem Entschluß ab, sie internieren zu lassen.

Ganz Energie sitzen sie da. Positive Menschen voll Kraft und Ordnung.

Die Mutter erzählt, daß sie regelrechten Unterricht in christian science bei einem Geistlichen in Boston genommen. Die Tochter hat es dann von der Mutter gelernt. (Klavier und diese Wissenschaft bilden den Kern ihres Daseins.)

Und jetzt werde mir wohl deutlich sein, was für Berührungen Mutter und Töchterchen mit den Bewohnern jenes Schlosses haben. Graf Moltke sei christian scientist – voll tiefster Überzeugung. Der rechte Glaube breche sich in Deutschland, namentlich in hohen Kreisen, Bahn. Auch ihre Portiersfrau beispielshalber ... Sie zeigt die Blumen von der Portierfrau, – die aus Rügen stammt und gläubig geworden ist. Es treescht.

IV.

Nachschrift. Dieser gläubige Moltke half nachher das große Menschenschlachthaus des Weltkriegs öffnen.

Die Gestreiften

I.

»Umsteigen!« – Lauter Herren. Ist schon die Gegend des durchbohrten schlesischen Gebirgs. Die Lampen brennen, bei Tag, in den Waggons.

Rechts ein buckliger Herr. (Mit jener Heiterkeit, die an Krüppeln in begüterten schlesischen Familien häufiger getroffen wird als in Norddeutschland.)

Ihm gegenüber ein Grubenherr, mit dem er wonnevergnügt plaudert. (Dieser noch junge Bergwerksinhaber zeigt einen Schuß von der Feschheit, die schon an Österreich erinnert. Aber natürlich; wie weit ist es denn zur Grenze? Bis Braunau ein Katzensprung...)

Links gegenüber in der Ecke, mehr liegend als sitzend, mit langhin vorgestreckten Beinen, ein Majoratsgigerl – mit dem Gesichtsausdruck der Furchtbarkeit. Um sich lauter Bücher aus dem Inselverlag. (Rote Wangen, und, wenn er zu lesen aufhört, der gewollte Gesichtsausdruck von Furchtbarkeit)...

II.

Jählings erstarrt allen diesen Menschen das Blut in den Adern. Und mir. Der Zug verläßt das Licht, fährt in einen Tunnel, und jetzt – die Scheiben zittern, über uns ein furchtbares Knacksen, nein: ein Donnern, der Tunnel stürzt zusammen, die Fahrt des Zuges ist ganz langsam geworden, die ersten Steine prasseln, wir kommen nie mehr an die Sonne, im nächsten Augenblick sind wir begraben...

Todesangst auf den Gesichtern. Eine fahle Stimme ruft: »Er ist eingestürzt, jetzt kommt der ganze Felsen, unter die Bänke kriechen...«

III.

Nur einer springt auf, wir alle bleiben gelähmt auf eine Sekunde in der alten Stellung, – – – da schreit der Grubenbesitzer:

»'s is nischt, – näbenan bau'n se a neuen Tunelll, da wird gesprengt.«

Das Knacken dauert fort, über uns, der Fels will herunter. Jetzt sind wir draußen. Man hört jetzt deutlich Dynamitschüsse. Der Tod, nein: das Sterbegefühl ging an uns vorbei...

Von diesen Menschen hat jeder sozusagen seine letzten Minuten erlebt.

IV.

Der mit der Furchtbarkeit sitzt zwischen den Büchern wie zu grauem Eis erstarrt. Man fühlt, wie seine Gesichtshaut kellerkalt sein muß. Der Bucklige holt Luft. Der Grubenbesitzer lacht, von irgend etwas geschüttelt.

Ich weiß: ich werde das noch einmal erleben! Dann wird es ... echt sein! Keine Täuschung. Und kein Ausweg. Und kein Halten.

O liebe, liebe Welt im Licht!

Überseemenschen

I.

Drei; von einem Schiff. Im Weltmeer.

Ein Hammelzüchter aus Neuseeland. Er sprach mich an. Es war vormittags, die Sonne schien. In fünfzehn Schritt Entfernung rief der sehnige Vierziger, daß hübsches Wetter sei. Ich gab ohne Winkelzüge meine Zustimmung. Hieraus entspann sich seine Frage, wieviel ich jährlich verdiene – oder, wie der enger umschreibende Ausdruck sagt, wieviel ich pro Jahr wert sei.

Ich lavierte zwischen Klippen, da ich die Steuererklärung hinter mir zu haben glaubte.

Der Neuseeländer (aus Auckland) ließ keine Drückebergerei zu. Unter seinen Fängen sprach ich: »I am a wrighter«, zu deutsch: »Ich bin Schriftsteller«, was von vornherein andeuten sollte, daß mit Hammeln und ihrem Exportertrag ein Wettbewerb ja gar nicht beabsichtigt sei. Das Wort schien einen, wenn auch nicht beruhigenden, so doch ablenkenden Eindruck zu machen.

II.

Ich hakte rasch ein. Wie seine Lebensbedingungen seien, wie groß die Familie, ob er Deutschland kenne. Klar kam jeder Bescheid. Sein Name sei Harcourt, er habe sechs Söhne nebst einer Tochter, besitze Ländereien von soundsoviel Acres, treibe Zucht mit bestem Erfolg, habe noch Eltern, sei das fünfte von elf Geschwistern, die eine seiner Schwestern habe zehn Kinder, sein älterer Bruder dreizehn, der jüngste sieben – aber (war sein entschuldigender Zusatz) er ist noch nicht lange verheiratet.

Neuseeland gedenke sich nicht von England unabhängig zu machen, dazu sei es zu klein, anders liege der Fall mit Australien. In Mexiko hätten die Amerikaner unrecht gehandelt; er fahre nach Newyork, von dort nach Washington, um Geschäftliches mit dem Präsidenten Wilson zu bereden.

III.

Das kam ohne Prahlen heraus, wie eine pflichthafte Aufzählung. Stimmte. Der Mann sah aus wie ein Mittelding von Kaufmann und Wettschwimmer. Ohne das geringste Brüsten in der Haltung dieses sehnigen Körpers.

Er sagte, daß ihm der Rhein gut gefallen habe; daß er Berlin schöner als Paris finde, weil es neu sei, – er liebe die alten Städte nicht; vollends Italien sei voller Schmutz; er hatte das alles auf einer zum Kennenlernen der Welt unternommenen Reise gesehn.

Ich fragte nach der eingeborenen Bevölkerung von Neuseeland. Neger? Durchaus nicht. Sehr edle, wenn auch farbige Rasse. Keineswegs Barbaren, sondern sehr gottesfürchtig, – die Hauptsache.

Also, sprach ich, da finden wohl auch Heiraten zwischen Eingeborenen und Angelsachsen statt? Komme vor. Doch selten. Die Leute seien ja gut veranlagt, sogar schön. Ist aber doch sicherer, daß man sie aussterben lasse. Well. Die Regierung wünsche, daß sie aussterben. »Wollen Sie mir sagen, wieviel Sie verdienen?« Er ließ nicht locker.

IV.

Ich sagte: »Das kommt darauf an.« Und Ähnliches. In verschiedenen Jahren verschieden.

»Wieviel im letzten Jahr?«

Es sei noch nicht zu übersehn. Er machte eine Kopfbewegung, wie wenn er sagen wollte: »Verstocktheit!« Dann blieb er stehn und fragte kurz: »Also sagen Sie mir einfach: schreiben Sie zu Ihrem Vergnügen?« Antwort: »Ich hoffe, auch zum Vergnügen der Andren.«

Er gab es auf.

Nach einer Weile sprach er friedlich (aber nachgrollend): »Will you take a drink with me?« (Nachgrollend.)

V.

— — — — — — — — — — — — — — — — —

Der zweite war aus Milwaukee. Fünfzig. Stattlicher Mann mit einer halb so alten hübschen Frau. Breit, kräftig, brünett. Lyrisches umwitterte sein Wesen trotz der wohlhäbigen Kraft.

Er trat neben mich, als ich eine Karte studierte. Fing sofort von sich an. Da ich Deutscher sei, interessiere es mich vielleicht zu hören, daß er ein großes Wollgeschäft habe – (ich dachte: wieso?), er fuhr gleich fort, daß er vor Jahren Regisseur einer amerikanischen Schau gewesen sei und eine ungeheure Wasserpantomime geleitet habe. Lange her. Doch er habe, seit jenen Jugendjahren, eine leidenschaftliche Liebe für die Kunst behalten.

Ich fragte, wieso er den Übergang zum Wollhandel vollzogen. Sehr einfach. Sir Augustus Harris, der Großmanager jener Seeschlacht-Pantomime, starb, seine Witwe führte das Geschäft nicht fort, und er selbst reiste mit seiner Frau (es war aber nicht die heutige) zu seinen Eltern nach Milwaukee. Die sagten ihm: »Ruh' dich erst für sechs Monate hier aus, bleib' mit deiner Frau bei uns, dann wirst du sehn, was sich tun läßt.« So kam er zu seinem großen Geschäft; jetzt reist er zum Vergnügen – for pleasure!

Er sagte, Reinhardts »Mirakel« im Zirkus Busch sei zwar amerikanisch, aber Lehrlingsarbeit; im Hippodrom von Newyork mache man so was besser.

VI.

Lobte Hamburg sehr. Die schönste Stadt in Deutschland. Nicht bloß das, – das Alsterbecken sei schöner als der Comersee und als der Lago Maggiore. Ob er in Vienna, also in Wien, was vom Theater gesehn? Hier mengte sich die Gattin ins Gespräch; sie rühmte die »dramatische Bühne« (how do you call it? aoh, Burgtheatre!), die Stücke seien ja langweilig, aber das Haus hat sieben Millionen Mark gekostet; großartig. »Haben Sie noch ein so teures Theater in Deutschland?«

(Hiervon kam vielleicht jenes stille, seelische Zaudern, das ich ab und zu auf dem Ausflug in die neue Welt gespürt. Aber so vieles Andre, Lockende war dabei, daß es nur halb zum Bewußtsein drang.)

VII.

— — — — — — — — — — — — — — — — — —

Es war Abend auf dem Schiff, als ich eine Newyorkerin, ein älteres Fräulein, kennen lernte, mit wunderbaren Seidentoiletten. Mit reichem, ausgedörrtem, schwerem, schwarzem Haar, als ob unbekannte Sonnen draufgebrannt hätten. Sie war in Australien zur Welt gekommen.

Jetzt mit ihrer Freundin auf der Heimkehr von Paris, von Neapel, von der Provence. »Europe trip«; der Ausflug nach Europa.

Und nur bei diesem zarten, doch lebensstarken und heiteren Geschöpf fand ich eine Spur von Sinn für die alten Stätten Europas ... Ihr jüngferliches Gesicht mit kleiner Stumpfnase begann aufzuleuchten, als sie von alten Stadtteilen sprach, die sie zu Neapel gesehn. Es sei ihr so neu. Niemals habe sie dergleichen verfallene Herrlichkeit in ihrem Geburtsland Australien oder in Amerika kennen gelernt. Es sei plötzlich wie ein Traum über sie gekommen. Die Erinnerung hieran werde sie niemals, niemals verlassen ...

Sie guckte heiter vor sich hin; zugleich träumerisch und stark. Anscheinend war es eine Tochter des alten Volkes. Von Juda nach Ozeanien geweht.

VIII.

Und es schien, als ob in ihr, die bloß neue Welten ein Leben lang vor Augen gehabt, plötzlich die Erinnerung an eine alte Welt wie aus altem Adelsglanz verwunderlich aufstieg. Als ob diese Genossin der Wolkenkratzer sich plötzlich erinnerte, bereits vor der Geburt irgendwo spaziert zu sein. Als ob ihr aus ehrwürdigem Gemäuer lieblich ein Kuhreigen entgegenklang … zwischen die vierzigstöckigen Fronten, die Unter-Flußbahnen, die hunderttausend schreienden Läden – in diese ganze, frischgestrichene Menschheit hinein.

IX.

»Alte Städte sind bezaubernd«, sprach sie. Sie war heiter gedankenvoll und stark. »Aber Amerika muß man auch kennen!« fügte sie zu. Der Wind fuhr um ihre weißseidnen Kleider aus Paris.

X.

Die Sonne sank ruhevoll über dem neuen Erdteil unverwickelter Menschen.

Brasilianer

I.

Deutschland wird von seinen Söhnen in Brasilien außerordentlich geschätzt, – nur zurückkehren wollen sie nicht.

Auf einem Schiff, das mich von Lissabon heimtrug, gab es Brasilianer mit Weib und Kind; seit Wochen von Rio de Janeiro unterwegs. Die meisten kamen aus dem Innern.

Jeder hatte sich vom deutschen Staatsverband gelöst; wollte nur Brasilianer sein. Doch rührend war die Liebe, mit der sie an den Sitten der von ihnen aufgegebenen Heimat trotzdem hingen.

Der Schiffsdoktor setzte sich eines Abends an das Piano und spielte Volkslieder. Man mußte sehn, wie alle diese Neu-Brasilier, die jungen und die alten, mit der Seele dabeiwaren.

Das Schiff schwamm in der Bucht von Biscaya, als die Greise und die Kinder anhuben: – »Am Brunnen vor dem Tore, da steht ein Lindenbaum«. Das Stampfen der Maschine verscholl vor der innigen Gewalt dieser Stimmen, – und einem Deutschen konnte das Herz im Leib wackeln, wie sie noch alle Strophen auswendig konnten, den Wortlaut vom Anfang bis zum Ende, obgleich sie schon drüben geboren waren und besser portugiesisch redeten als deutsch.

II.

Alle waren zu Wohlstand gekommen; der eine brachte seinen Jungen auf eine deutsche Schule; zwei Töchter nahm er überdies mit, daß sie Deutschland sähen, stille, schlichte, blonde Geschöpfchen, die nur in der Aussprache des »R« Gewöhnung an ein romanisches Idiom verrieten. Ein Zweiter wollte wegen eines Augenleidens einen deutschen Arzt fragen. Ein Dritter besuchte Verwandtschaft in Pommern. Dann rüstete sich eine Familie zum Aufenthalt im Neckarland, – brachte wundervolle Kinder mit, und auch die Kinderfrau war schon drüben geboren.

Für sie alle war die Umgangssprache im Haus deutsch; die Mädel erzählten mir, daß sie nur an öffentlichen Orten, wo rings portugiesisch geredet wurde, aus Höflichkeit dieselbe Sprache brauchten. Alle hatten im Gehab und Getu etwas Deutsches beibehalten. Nur wenn man sie fragte, ob sie wieder zurückwollten, – um keinen Preis! Begriffen gar nicht, wie man ihnen das zumuten konnte. Die Alten vollends setzten scharf, obschon ruhig auseinander, daß nun ihre Wurzeln da unten lägen ... Während der Aufenthalt in dem von Beamten regierten Deutschen Reich ... So gern sie die alte Heimat noch hätten ... –

Keiner wollte zurück.

III.

– – – – – – – – – – – – – – – – – –

Aber sie erzählten. Da war der Urahn, der das Geschäft begründet hatte – er lebte noch drüben und war der Einzige, der das Portugiesische nicht verstand bis zum heutigen Tag. Der Sohn war schon ein Mann im Silberhaar; mit fünfzehn Jahren hinübergegangen – etwan 1860. Sprach beide Sprachen; und das

Deutsche noch akzentfrei. Die Kinder hatten den portugiesischen Anklang – aber das Volkslied pflegten sie alle, die Jüngsten wie die Ahnen, mit verwurzelter Innigkeit.

IV.

Und ich dachte in meinem lieben Herzen: schöner wär' es eigentlich umgekehrt, – wenn man die Zustände im Deutschen Reich so lecker gestaltete, daß alle Söhne des Landes stramm und unverrückbar daran festhielten, auch im Ausland. Das Volkslied dürften sie dann meinethalb vergessen...

V.

Immerhin klang das Lied fort: »Am Brunnen vor dem Tore, da steht ein Lindenbaum ...«

Sanitätsrats

I.

Genua. Abendtafel. Ein preußischer Sanitätsrat und Frau sitzen neben einer Russin. Die Sanitätsrätin merkt den slawischen Akzent; ist abweisend.

Die Russin entpuppt sich als Hysterikerin ersten Ranges. Fängt an singend zu klagen von ihrem Nervenelend.

II.

Zwischendurch wittern Sanitätsrats, wie reich sie ist. Jetzt mischt er sich in das Gespräch – versucht liebenswürdig zu sein, indem er sagt: alle Gasthöfe in Genua seien überfüllt.

Die Russin singsangt: »Ich bin eine Freifrau, kann sechs Monate wegbleiben, o Gott, o mein Gott, o mein Gott!«

Er versucht, stärker liebenswürdig zu sein; redet aber mehr für Skatgenossen als für eine hysterische verzogene Person. Sie bleibt freundlich, weil sie sich an die Frau klammert, – eine verlassene Seele.

III.

Schließlich sagt sie: »Ich habe in Rom für acht francs in Pension gelebt.« Ganz beiläufig.

Die Sanitätsrätin flaut ab. Acht francs. Ich beobachte, wie sie den Mann ansieht. Beide flauen ab.

Sie empfinden vor ihr wie vor einer Hochstaplerin. Nach kurzer Pause erheben sie sich. Sie sagt: Reisen Sie glücklich. Er sagt: Glückliche Reise.

(Beide ab. Die Russin trinkt Apollinaris.)

Das Büblein

I.

Hinter Prag. Wo in naher Nachbarschaft ein herrliches, halb heiteres, halb düsteres Tal mit schwarzgrauen Felsen sich öffnet, – das Ganze von einer lieblichen Schwermut; von einem seltsam schönen Ernst.

II.

Ein Bübchen saß in meinem Abteil, ein reizendes Kerlchen von sechs Jahren, schwarzäugig, lebhaft und verständig; und gut erzogen.

Ich fragte, nachdem sein ernstes und niedliches Auftreten mich längere Zeit ergötzt: »Kannst Du deutsch sprechen?« Der Junge wollte was antworten, da sprach eine hübsche Dame, seine Mutter, die ihm gegenübersaß, Ende der Zwanzig, mit holder Regentropfennase bei lieblich slawischem Katzentyp: »Du bist ein Tscheche«.

Sie sprach es aber auf tschechisch. Und sogleich erwiderte das Bengelchen, das schon hatte deutsch antworten wollen: »Ich bin ein Tscheche«. Gleichfalls auf tschechisch.

Wir lachten. Ich, weil ich belustigt war. Sie vor Glück.

Ich ließ Dich . . .

I.

Auf einer Heimfahrt von Venedig; mit meiner Mutter und meiner lieben Schwester Annchen.

Zwei Damen, Preßburgerinnen, saßen im Zug. Sie reisten von Venedig nach Klagenfurt, einen Abstecher bei Verwandten zu machen, – Mutter und Tochter.

Die Tochter sah aus wie ein junges Mädchen. Doch es ergab sich, daß ihr Mann, Beamter, an Gehirnerweichung gestorben war.

Verklärtes war in ihr. Schmiegiges; Versponnenes; Österreichisches. Das Zarte, Liebe, Mozartische.

II.

Alles Mögliche sprachen sie mit meiner Mutter, meiner Schwester; und ich wußte dabei immer, daß die Junge ... vielmehr daß beide bald aussteigen würden. Umsteigen nach Klagenfurt.

Trotz der dämpfenden Anwesenheit meiner Mutter und meiner Schwester gab es ... nicht Funken, aber Gespinnste; halb Unausgesprochenes, von der Jungen her. Gar nichts Greifbares – aber es bestand.

Und ich wußte dabei immer, daß sie bald aussteigen würden.

III.

Es war wie ein schöner Blitz; ich fühlte so herzlich ihre lächelnde, nur leicht wehrende Sanftmut.

Schmiegiges und Versponnenes; Österreichisches.

Abend. Jetzt kam das Aussteigen. Ich weiß ihren Namen bis heute nicht. O kurze Begegnung. Und zu erzählen ist gar nichts dabei. Verwandte warteten schon in Klagenfurt. Ein Kreuzen; ein Aufblicken; etwas Ungesagtes. Ein Abschied ohne Abschied.

IV.

Meine Schwester fragte nachher, eine Stunde war vergangen und wir saßen allein: »Was murmelst du immerzu aus dem Fenster?«

— — — — — — — — — — — — — — — — —

»Ich ließ dich nur mit Klagen furt!«

Am Fenster flog das Land vorbei.

»Ich ... ließ ... dich ... nur ... mit ... Klagen ... furt! ...«

V.
Meine Schwester lachte. Der Zug fuhr durch die Steiermark. Es wurde dunkel. Meine Mutter schlief.

Zuletzt ein Gruß an den Fahrtgenossen Wein

Ich trank Markobrunner in Deutschland; Rioja in Spanien; *κρασσι ρετινατον* in Attika (der wie feingewordene Möbelpolitur schmeckt); ungeharzten am Busen von Korinth (mit einem Geschmack von zartester Fäule); herrlichen Kanaanwein in Palästina (tief und voll); ich trank Tajowein in Portugal; Frascati beim Ämiliano Capillone zu Frascati; ich trank Wein der Karawanen in Smyrna; ich trank in Ungarn herben Ruster; ich trank in Algier und in Tunis Afrikawein; ich trank auf südrussischen Schiffen Krimer (schmeckt zwischendurch nach Hammel); – – – und ich liebe vor allem und über die Maßen: den weißen Wein Graves supérieur, der in Südfrankreich wächst.

Gruß an Tiere

Der Seehund Naëmi

I.

Es ist das zweite Mal, daß die Seehunde in mein Leben eingreifen (oder ich in das Leben der Seehunde). Das erste Mal schoß ich einen und ließ das Tier ausstopfen, – das zweite Mal, jetzt, hab' ich keinen Kadaver heimgebracht: sondern ein lebendes Tier mit klopfendem Herzen, ulkigen Bewegungen und wunderbarer Anhänglichkeit.

Er war noch jung und saß auf einer Tonne mitten in der See. Auch dem Binnenländer ist nicht unbekannt, daß draußen in den Strömungen der Meerflut bisweilen Tonnen oder Bojen verankert sind, dem Seemann allerhand Merkzeichen für die Fahrtrichtung, für Flachheit oder Tiefe des Wassers. Naëmi (so hab' ich den Seehund zu Ehren der blondhaarigen Tochter meines Wirts auf der Hallig genannt) – Naëmi sah die Tonne nicht als Fahrtzeichen an, sondern als Schaukel.

So schien es für den ersten Blick. Bei genauem Zusehen ergab sich ein ernster Zusammenhang, den man ohne mitleidige Regung nicht wird hören können. Als altem Seehundkenner und Freunde dieser wundervoll entwickelten Tiergattung wurde mir klar: daß die Seehundsmutter das Tier dort zurückgelassen hatte. Der Sohn wartete wohl auf die Wiederkehr der Alten. Sie hatte schweren Herzens das Kind seinem Schicksal preisgegeben, das konnte man sich an den fünf Fingern abzählen, wenn man im Familienleben dieser klugen und ... ich hätte beinah gesagt: hochstehenden Geschöpfe Bescheid weiß. Warum kam sie nicht zurück?

II.

Es gibt zwei Möglichkeiten. Entweder sie war weggeschossen worden. Oder (das ist wahrscheinlicher) sie hatte zwei Junge – und fühlte, daß sie beide nicht durchbringen kann. Dies kommt öfter vor. Die Seehündin schwimmt ja während der

Flutzeit, wenn also die Sandbänke nicht zum Ausruhn freiliegen, sondern vom Wasser überströmt sind, mit Sohn oder Tochter herum, indem sie (es ist im Ernst absonderlich) mit der einen Vorderflosse das Kind an den Leib gedrückt hält... Die Kleinen sind noch zu dumm, sie können zur Not schwimmen, aber mit Ach und Krach; sind bald erschöpft. Und dann, wie sollen sie Nahrung suchen? Sie sind auch dafür zu dumm, können keine Fische fangen, wissen überhaupt nicht, wie man ißt, – sie sind vorläufig auf die Muttermilch angewiesen.

Ein kleiner Seehund von vier bis sechs Wochen ist aber durchaus kein zartes Tier: sondern schon so muskulös wie eine erwachsene Bulldogge. In jedem Fall sieht die Mutter manchmal ein, daß sie die starken, bloß noch etwas hilflosen Kerle, wenn sie zwei hat, nicht durchs Leben bringen kann, – da wählt sie das Mittel, den einen irgendwo zurückzulassen.

Läßt sie nun den stärkeren oder den schwächeren? den schwächeren, weil er nach spartanischem Grundsatz wert zum Untergang ist? oder den stärkeren, weil der sich vielleicht eher durchfretten wird?

Ich weiß es nicht. Ich kann auch nicht sagen, ob sie meinen Seehund auf der Sandbank zurückgelassen, von wo ihn die steigende Flut fortschwemmte, bis er auf die Tonne klomm, ... oder ob sie ihn unmittelbar auf dieser Holzinsel abgeladen hat.

Naëmi saß oben, kräftig, jugendstark, naiv, neugierig – und schaukelte. Von da setzten ihn die Schiffer ins Boot. Ich beschloß, ihn heimwärts in den Grunewald zu nehmen.

III.

Auf der Tonne war er doch verloren, meinten die Friesen. Er mußte hier langsam zugrunde gehn, nachdem er sich mit Nahrungskummer und wilden Schwimmfahrten erschöpft hätte.

Aus früherer Beobachtung von Seehunden glaubt' ich annehmen zu können, daß diese Tiere für bürgerliches Leben geschaffen sind. An Verstand und Zugänglichkeit gibt es nach meiner Schätzung unter allen draußen wild in der Welt herumatmenden Kreaturen keine Gattung, die sich mit dieser vergleichen ließe. Warum könnte man einen Seehund nicht zum

Haustier gewinnen? Warum soll ein so nettes, in der Jugend auf den Menschen freudig eingehendes Geschöpf nicht mit ihm leben können wie ein Laubfrosch, ein Goldfisch, ein Reh, Kaninchen oder Tauben? Der Seehund ist klüger als ein Hund; er ist musikalischen Reizen bis zu einer ziemlich hohen Stufe der Sinnesentwicklung zugänglich; er ist offen, frei, dankbar, . . . also warum nicht?

Die Ernährung macht Schwierigkeiten, doch in Alaska soll mancher Hofbesitzer einen Seehund als Haustier auf trocknem Grund haben, es geht – warum soll es im Grunewald nicht gehn? auf meinem unter freiem Himmel belegenen, steinernen, mit Abflußrinnen versehenen Luftbadeplatz? Salzwasser bekommen die Seehunde in Tiersammlungen auch nicht, sondern einfach Süßwasser.

Man konnte den Versuch machen, verloren war der stramme Kerl hier sowieso.

IV.

Bei meiner Abreise wurde der Seehund verpackt: in eine Kiste, die mit Latten gitterartig oben versehen war. Er lag auf Gras; eine Handvoll frischer Meerkrabben hatte man ihm auch hingelegt – für alle Fälle. Aber das Hauptemährungsmittel war eine große Milchflasche mit einem Lutscher. Die Flasche mit Stroh umwickelt, damit auf dem Schiff die Sonne nicht zu heiß draufbrenne.

Während der Seefahrt ließ ich fünf große Eimer Salzwasser schöpfen und goß sie über Naëmi, der sich (soll ich sagen: die sich? ach, ich sage: der!) – der sich dankbar und frohgemut hierüber zeigte. Im Gasthof einer alten schleswigschen Stadt unternahm ich die erste Fütterung. Ich hob das liebe, schwere Tier an den Hinterflossen behutsam aus dem Lattenkäfig, nahm die Milchpulle – und begann die Sättigung. Leider ging es damit nur soso. Der Kleine tat, was er vorher schon bisweilen getan: er prustete die Milch der weidenden Rinder, die ihm nicht genug nach Tran schmeckte, fauchend in die Luft; oder er ließ sie sanft seitwärts wieder herausfließen. Es war ein Kreuz mit Naëmi. Ich schwang die Pulle mit Macht, flößte so viel Milch ein, daß er bis zum Abend gesättigt sein mußte, gab Naëmi als Passagiergut auf und fuhr ins Binnenland.

Auf allen besseren Stationen flog ich zur Bahnhofspumpe, dann zum Gepäckwagen und übergoß meinen Freund, der durch Mimik dafür dankte. Bei der Überführung von einem Gepäckwagen in den andren rief er die jubelnde Liebe ganzer Bevölkerungen wach. Menschenstauungen erfolgten – ich nahte mit dem Gefäß, goß von oben. Naëmi benahm sich wie ein wohlversorgtes Kind.

V.

— — — — — — — — — — — — — — — — — —

Ein Viertel nach Mitternacht lief der Zug ein. Ich ließ den Chauffeur vor einem späten, abseitigen Kaffeehaus halten, wo ich frische Milch für meinen Melusinerich nahm. Auf dem Bock vorn gab er Töne des Erstaunens und der Anhänglichkeit von sich, so daß der Chauffeur, als er in stockfinstrer Nacht im Grunewald mit mir die Kiste hinauftrug, teilnahmsvoll sagte:

»Er hat sich schon jemeldt!«

VI.

Ich war nun gegen halb zwei Uhr nachts allein mit ihm auf dem Altan, auf dem großen, quadratischen, umhängten Luftbadeplatz. Ich fütterte. Der Wind ließ mehrfach eine Lampe, welche die Örtlichkeit seines Zahngehegs und Rachens beleuchten sollte, ausgehn, so daß die Zeit unter Streichhölzerholen verging. Sobald ich mich entfernen wollte, rannte mir der Seehund nach. Der Leser denkt, ich spaße. Dem ist nicht so.

Der Grund für die Anhänglichkeit, ja Zudringlichkeit des jungen Tieres ist kurzweg in seiner Verwaisung zu finden; in der natürlichen Sehnsucht nach irgendeinem Geschöpf. Es lag etwas Absonderliches darin. Dies nette, freundliche, zutunliche Tier wollte nicht nachts allein auf der ihm ungewohnten Stätte zurückgelassen sein.

Der Luftbadeplatz ist etwa neun Quadratmeter groß; sobald ich in eine andre Ecke ging, kam Naëmi watschelnd nachgehupft ... und legte den Kopf mit dem strammen weißlichen Schnurrbart voll Anlehnungsbedürfnis an meinen Fuß.

Er fürchtete sich allein.

VII.

So war es auch in den folgenden Tagen.

Sobald ich auf den Luftbadeplatz trat, eilte das Tier auf mich zu, wobei seine Stimme kindhafte Töne gab, und er lief mir nach wie ein Hund seinem Herrn.

Wie groß ist das Geselligkeitsbedürfnis, die Anhänglichkeit so junger, unschuldiger und plötzlich vereinsamter Tiere. Wie ein Wunder wirkte das alles auf mich. Wie ein ergreifendes Wunder – denn manchmal, wenn ich, mit einem langen Gummimantel bekleidet, seinen Kopf hielt und ihn füttern wollte, unternahm er gewaltig schmatzende Saugbewegungen und kratzte an dem Gummistoff mit der Flosse.

Wenn ich die Altantüren geschlossen hatte, dann in ein andres Zimmer ging, schlug er noch lange draußen klagende Geräusche; ich kann es nicht anders ausdrücken: es war, als ob sich ein Kind weinend beschwerte.

VIII.

Einmal saß auf dem Dach am hellen Vormittag ein Arbeiter, der eine Stelle dort verpichen oder teeren sollte. Rittlings sah er von oben voll Staunens auf den Luftbadeplatz und das Tier. Und ich werde niemals vergessen, wie der Seehund seine klugen Augen (seine dunklen klugen Augen, die kein Weißes haben und fast tränenvoll blicken können) zu ihm hinaufrichtete, den jungen starken Hals hochhebend. Ich werde das nie vergessen. Und der reitende Mann oben sagte ganz richtig: »Aber das is ja wie ein Mensch – *wie* ein Mensch!«

Ich habe das Gefühl, daß die Seehunde, wenn man sich allgemeiner mit ihnen befaßte, uns näher kämen als Affen oder Hunde. Man kann im Verkehr mit einem solchen Tier allerhand Ernstes, Unwahrscheinliches erfahren, das doch auf dem Boden der reinsten Wirklichkeit ruht.

Ich zähle die Tage, so ich mit diesem Tier verbracht, zu den an Eindrücken merkwürdigsten meines Lebens.

IX.

— — — — — — — — — — — — — — — —

Es waren bloß Tage. Je öfter ich ihm Nahrung gab, desto deutlicher wurde mir, wie wenig er davon zu sich nahm. Er prustete den ungewohnten Trank von sich, auch wenn ich ihm die Nasenlöcher zuhielt.

Seine Muskeln waren stark entwickelt, und wenn ich im Gummimantel mich neben ihm wälzte, so war es häufig mehr ein gutmütiger Ringkampf als eine Fütterung.

Er ging auf diese Art der Ernährung nicht ein – er suchte seine Mutter...

Ich dachte zunächst, der Grund liege wohl in der Abneigung wider Kuhmilch. Ich tat in die Milch Tran, ich gab ihm dann reinen Tran. Doch er wollte diese Form der Ernährung nicht. Er war auf das Saugen eingestellt... Ich fand einen Ausweg, der münchhausisch klingt, aber im Ernst auf Tatsachen ruht. Ich hatte zum Zudecken oder Spielen ihm eine alte Radpellerine aus Lodenstoff hingeworfen, womit er sich beschäftigte. Ich goß nun Tran auf diese Pellerine, und in Wahrheit sah ich, wie er beim Spielen vom Geruch angelockt, zu saugen begann und einen Teil des Trans zu sich nahm.

Aber es war so wenig.

Dieser kräftige Kerl konnte davon nicht existieren. Das zerschnitt mir das Herz.

X.

Ich will mich kurz fassen. Auf einen Rohrpostbrief an den Zoologischen Garten kam die telegraphische Antwort, daß man dort einen Seehund nicht aufnehmen könne, weil sie selber Zucht hätten. Das Schicksal, das meinen Seehund damals auf der Tonne frühem Verderben preisgab, schien etwas gegen dies köstliche, liebenswerte Tier, das mehr ein Kind als ein Tier war, zu haben.

Ich sah keinen Ausweg, merkte, daß Naëmi in aller stolzen, runden Pracht vor Hunger unruhig war, – und beschloß, das Los dieses wundervollen, von allerhand Mächten verfolgten unschuldigen Kerlchens in einer milden und anständigen Form zu beenden.

XI.

Ein Telephongespräch mit jenem Tierarzt, der schon dem Bullenbeißer Jonathan den Weg aus diesem Leben der Qual geöffnet hatte; – bald erschien er, mit einer kleinen Spritze.

Die Spritze wurde mit Zyankali gefüllt. Merkwürdig: der Arzt fürchtete sich ein bißchen vor dem jungen Sohn des Meeres, – nur an Landtiere gewöhnt.

Ich beruhigte ihn. Da stieß er vorsichtig das Instrument in die Seite des Seehundes und drückte den Saft hinein.

XII.

Ein paar Klagelaute, dumpf, beinah männlich, die mir im Gedächtnis haften.

Das Kerlchen rollte dreimal um seine Achse – und wand die Hinterflossen verschränkt, es war wie ein Händeringen.

Bewußtlosigkeit.

Nach einer Weile auch der Tod.

Aber doch erst nach einer ziemlichen Weile.

XIII.

Der Arzt sagte: »Das ist mein erster Seehund, – das nächste Mal nehm' ich aber die dreifache Menge Zyankali ... und dabei ist er doch blutjung. Doller Kerl!«

XIV.

Er *war* ein doller Kerl.

Nun ist er schon abgebalgt, wird drei Wochen durchgegerbt – und geht der Ausstopfung entgegen. Seine Seele versammelt sich dann zu meinen Toten, zur stillen Schar meiner toten Tiere, zu meinem Igel Kasimir, zu meinem Bullenbeißer Jonathan, zu meinem Goldfisch Moritz – und zu dem älteren Seehund.

Er war von allen der Liebenswürdigsten einer ... und ich denke still an dies freundliche kurze Zusammensein mit den zwei klügsten und menschlichsten Augen außerhalb unsrer Gattung. Schlaf gut, – Naëmi.

Das Weh der See

I.

Quod felix faustumque sit. Ich schreibe diese Zeilen, indem ich die Zigarettenasche mit der linken Hand in eine beim Wandern in der Öde gefundene Muschel stippe; in ein dütenförmig längliches Kalkgebild, aus dem ein Einsiedlerkrebs entflohen ist.

Ein Rochen-Ei liegt daneben; ich fand es beim Wandern. Sieht aus wie ein Säckchen aus schwarzem Leder, mit vier schwarzledernen Handgriffen dran...

II.

Essen und schlafen soll man. Im übrigen draußen sein auf der wilden Insel, wo schreiende Wasservögel, Hasen, Frösche hausen. Dort soll man mit den Tieren leben; wenigstens in ihrem Luftreich; den Spuren der Tiere soll man folgen ... Das Auge fragt mit fiebriger Neugier ein aus der Flut gerissenes Meergewächs. Warum ähneln gewisse Teile deiner Ausläufer genau den Scheren eines Krebses? Sollen Tiere dadurch der Pflanze ferngehalten werden, indem eine Krebsschere sie zu bedrohen scheint? ... Gibt es Anähnlichungen zwischen Tieren und Pflanzen desselben Bereichs, wodurch kommen sie zustande? Was für ein Gesetz waltet?

Ich habe mal in Nordafrika eine Palmeneidechse gekauft; ein Tier, dessen Schwanz das Aussehen eines Palmenteils, eines Stückes vom Stamm hat.

... Sieht man den Schwanz allein, so würde man nicht wissen, ob das einer Pflanze gehört oder einem beweglichen Lebegeschöpf. Vollkommene Täuschung! Wodurch entsteht sie? Zu welchem Zweck? (wenn es einen gibt).

Ist es kindisch, zu sagen: die Natur hat der Eidechse diesen Schwanz gegeben, damit man sie auf der Palme nicht entdeckt? Andrerseits: ist es eine zulängliche Erklärung, zu sagen: solche Eidechsen, die zufällig einen palmenähnlichen Schwanz haben und auf Palmen hausen, sind am Leben geblieben, weil man sie dort schwer entdeckt? ... Ist das wirklich eine Auskunft?

Wie steht es mit den Krebsscheren meiner Seepflanze? Hat

sie »zufällig« solche Scheren; und erhielt sich, weil man sie darum weniger beknabberte?

III.

— — — — — — — — — — — — — — — — — —

Ich weiß es nicht. Ich weiß, daß ich zwei Meere schauen kann. Ein gepeitschtes, nahes: die offene See. Und in der Ferne noch ein schweigenderes, rätselhafteres, auf der andren Seite des Eilands verlassen grübelndes. (Darüber weg, in der fernsten Ferne, liegt ein Schein, das Festland.)

Alles zusammen schafft neue Fragen. Worauf soll das Ganze hinaus? Man fühlt . . . bestenfalls noch Empfindungen wie Liebe; wie Schmerzen, die man durchlebt; über allem unausrottbar das siegreiche Glück: zu atmen.

IV.

. . . .

Man fühlt hier, wie man selber den Tieren ein Schicksal wird. Wie man ein Jäger ist und seine Lust erhöht durch das Verröcheln andrer Geschöpfe. Wie man über die Dünen schreitet – als das Schicksal. Ich habe mir nichts vorzuwerfen als einen Seehund! er hat nicht gelitten, denn bevor er's noch denken konnte, war er nicht mehr.

Ich habe nach keinem Vogel geschossen, keinen Fisch zu fangen gesucht. Aber was ich ringsherum seh', in der Luft dieses umtosten Erdstücks, ist Leiden; abermals Leiden. Das Weh der See.

Ich ging über die Dünen; entfernt von der bewohnten Siedelung; durch Dünentäler, Hochtäler, über Almen mit dunkelgrünem Gras in der Salzluft zwischen zwei Meeren. Über den Gipfeln kreisten Möwen und schrien.

V.

Ich kletterte hinauf. Sofort nahm mich ein altes Tier an. Ich mußte den Mantel emporschwingen, um die wütende Möwe meinem Kopf, meinen Augen fernzuhalten. Sie schoß auf ihn bis auf die Entfernung eines halben Meters mit einer nicht vorzustellenden Geschwindheit herab, hob sich wieder in die Luft und wiederholte diesen Vorgang mit rasendem, stoßartigem Gekrächz eine Zeit lang.

Ich schwang den Mantel und kletterte höher. Jetzt machte keins der Tiere mehr einen Angriff, als ob es nutzlos wäre.

Ich sah im Gras regungslos eine junge Möwe kauern. Der Hakenschnabel noch schwarz; nicht gelb wie bei den ausgewachsenen Tieren. Regungslos gekauert. Über ihr das Dünengras, das langhalmige, so zurechtgebogen oder zurechtgedrückt, daß sie geschützt, verborgen lag. Ich wollte sie nicht mit der Hand berühren; denn sie müßte dann verhungern, weil die Alte das vom Menschen berührte Tier nicht mehr füttert ... Als so der ziemlich große Vogel, ohne sich zu bewegen, neben mir lag, spürte ich einen Schauer. Ich weiß nicht, warum. Ich sah die langsam blinzelnden, blinzelnden Augen, die mich nicht anblicken wollten. Mit drei, vier ausgerupften Grashalmen berührte ich leise das Hinterteil, wo die grauschwarzen Federn noch flaumiger waren, und wollte eine Spur von Bewegung in das Tier bringen. Unmöglich. Es blieb geduckt, in fabelhaftem Schrecken gebannt, und blinzelte nur – indem es mich nicht anblickte.

....

Ich ging weiter.

VI.

Ich mußte mich beim Treten in acht nehmen. Wieder war da und dort Gras umgebeugt, zurechtgedrückt, und allenthalben lagen Seevögel verborgen, noch nicht flugfähig, reglos. Oben kreisten wild und schrien die Alten. Ich stieg vorsichtig hinab ... und schritt weiter, über die Dünen. Ein Volk Enten flog auf, in irrsinniger Todesfurcht ins Watt hastend, stürzend, taumelnd. Ich war das Schicksal. Im Dünental traf ich vereinzelt Frösche, die hier nicht hüpften, sondern mühsam sich forttasteten, im Sand verschmachtet, vielleicht vom Sturm aus dem Watt gehoben. Ich nahm einen empor und ließ ihn später, über Höhen und Täler schreitend, am sumpfigen Küstenrand nieder. Ich war sein Schicksal.

Aber die andren blieben, wo sie waren, und krauchten elend weiter, sandumweht, in den qualvollen Tod. Langsam, langsam – in den qualvollen Verschüttungstod.

Und Hasen setzten davon, sobald sie den Schritt rasseln hörten. Manche keinen Meter von mir. In wilder Verwirrung hinab in eine sandige Schlucht; dort verschwanden sie. Sie spürten den Schatten des Schicksals.

Und über der offenen See schossen die Möwen zur Flut und schnappten mit mörderischem Schnabel Fische. Den Fischen kam aus der Luft das Schicksal. Und ich schritt weiter über die Dünen und sah hinter mich, – ob das Schicksal hinter mir käme.

VII.

— — — — — — — — — — — — — — — — — —

Am nächsten Tage strich ich um den Südrand der Insel und traf einen weidmännisch gekleideten Menschen. Er war aus dem Königreich Sachsen, wie er nachher sagte. Er hatte Chemie studiert. Es war ihm nicht gelungen, einen »Hund« zu schießen; deshalb wollte er, bevor der Tag zu Ende ging, das Schicksal der Wasservögel werden. Um wenigstens, wie er sagte, »eine leidliche Strecke« mit nach Haus zu bringen. Er hatte kaum die ersten Worte zu mir geredet, als er schoß. Seine Schrotkörner trafen jenen anmutvollen zierlichen Strandvogel, der um seiner Töne willen Regenpfeifer genannt wird. Das Tier hatte knapp einen halben Meter von der Flut gesessen. Es war nur verwundet. Entsetzensvoll floh es ins Wasser – aber das Salz drang ihm in die blutig offenen Teile des Leibs, und wie gestört hastete es zurück auf den Sand, unbekümmert um den Schützen.

Der griff es, – wie es von inneren Schlägen geworfen und durchhämmert wurde. Er hielt es an den Beinen.

Ich verlangte, daß er ein rasches Ende machte.

Das Tier wurde am Kopf gefaßt und mit dem Leib nach der andren Seite geworfen, es zu erwürgen. Aber es war nicht tot.

Er faßte es nun wieder an den Beinen und schlug es mit dem Kopf an den Kolben.

Es lebte jedoch immer noch.

Es hob den nach unten hängenden Kopf.

Er schlug es jetzt noch vier- bis fünfmal an den Kolben, bis es wirklich tot war.

Er kam dann hinter mir her.

VIII.

Auf einen Knall hin sah ich mich um. Eine dreijährige Silbermöwe stürzte herab auf den Sand. Beide Flügel und ein Fuß waren getroffen, der Leib nicht.

Sie konnte noch laufen.

Er vertrat ihr den Weg ins Meer.

Noch einen Versuch machte sie, dann blieb sie erschöpft sitzen und ihr Auge sah, sah, sah den Mörder an, der jetzt ganz dicht auf sie zutrat – als ob er unschlüssig wäre.

Mein Blut begann zu kochen.

Er sah sich um und nahm ein Stück Holz.

Als er den ersten Schlag nach dem Kopfe des dasitzenden Tiers führen wollte, hob es den Schnabel, öffnete ihn und gab einen Ton, der wie ein Widersprechen klang, von sich – und schnappte nach seiner Hand in Todesverzweiflung. Nach dem ersten Schlag kam dieser Ton noch einmal ... schwächer.

Er drückte ihr dann den Brustkorb ein.

IX.

. . . .

Als ich, eine Stunde später, an die Südostküste gegangen war, lag ein kleiner Dampfer dort. Der Steuermann kauerte auf dem Hinterdeck und bereitete den Schollenfang vor. Er zog ein Netz aus dem Wasser, in dem sich Einsiedlerkrebse gefangen hatten.

Mit einem Haken zerschlug er die Muscheln, riß die Schaltiere heraus und band ihre zuckenden Stücke an eine Schnur. Das war der Köder für die Schollen.

Die Schnur mit den (durchlöcherten) Krebsen befestigte er zwischen den Reifen des Netzes.

Nach einer Weile zog er das Netz heraus und zerschlug den gefangenen Schollen die Köpfe an den Deckplanken.

X.

Der Sachse kam mit einer großen »Strecke« zurück. Er hatte durch die Nasenlöcher aller toten Möwen und Regenpfeifer ein Stück Spagatschnur gezogen und hielt sie daran wie an einem Schlüsselbund. Im hellen Wasser sprang ein Fisch hoch; und der Steuermann, als ich ihn fragte, sprach: »Das war eine Makrele; sie hat nach 'm lütten Fisch geschnappt.«

Über dem Wattenmeer stand ein Gewitter. Ich wanderte nach Norden. Es war dämmerig. Und zuweilen sah ich mich um, ob einer hinter mir käme.

Wilde Enten, wilde Gänse

I.

Frieseneiland ... Sanft ist der Wächter mancher Entenkoje. »Koje« – das Wort klingt traulich, einlullend, gemütlich. Der Tod steckt dahinter.

Es ist der Tod, der wilden Enten dräut. Vom Nordland kommen sie geflogen. Ein sanfter Mann waltet im Gebüsch.

Weit dehnt sich (zwischen den zwei Meeren) die Heide, sie blüht braunviolett, oben die Blüten leuchten, unten streckenweis holziges Braun, alles fest und dicht, daß es wie ein Pelz auf dem Eilandsboden aufsitzt. Heide, Heide, Heide – umsäumt vom Dünengebirg', durchtränkt von Salzluft, überlaubt von einem blauhellen Himmel. Und da ...

II.

Da hebt sich etwas wie ein Sträucherzaun, mittendrin; ein großes grünes Viereck. Was ist das? Es ist die Koje. Mannshoch das Gebüsch. Man sieht nicht, was dahinter vorgeht ... Durch lebende Wände mit verstohlenen Durchlässen, Seitengängen, verborgenen Querpfaden, deckenden Laubmauern geht es in das Innere des Vierecks. Der Kern ist: ein Teich mit Süßwasser, auf dem ein paar Wildenten schwimmen.

Locktiere.

Sie können nicht davon, denn ein Flügel ist ihnen verschnitten. Auch kriegen sie ihr tägliches Futter – so haben sie den

Wunsch nicht, wegzufliegen; werden willig zu Verrätern an ihren Brüdern und Schwestern, ... die sie, gewohnheitsmäßig, in das Mordnetz locken.

III.

Denn sie sind abgerichtet, vor denen her in ein Netz zu schwimmen (aus dem sie selber sich zeitig retten) ... Ja, Norwegens Wildenten fliegen im Herbst nach Süden und erblicken auf der Frieseninsel von oben her Süßwasserteiche, von hohem Gebüsch umsäumt. Sehn ein paar Stammesgenossen dort schwimmen. Gleich gehn sie hinunter, der lange Seeflug macht Eßlust ... da beginnen die gefütterten Kameraden ihr schäbiges Werk: locken sie ins Verderben.

Von dem Teich gehn Seitengräben aus, dahin schwimmen die Locktiere; die wilden folgen; plötzlich finden sie, daß ein Drahtnetz den Graben überdacht ...

Wehe!

Die gefütterten Verräter verlassen den Graben durch einen Seitenweg – denn sie fürchten sich nicht vor dem sanften Mann, dem Wächter, der jetzt hinter einer Binsenwand vortritt.

IV.

Die armen wilden Enten trauen sich nicht mehr zurück; nicht mehr an ihm vorbei, der ihnen mit einem Schritte den Weg versperrt, – sie tief hineinjagt in den Graben, dessen Netz immer enger wird. Dann zieht er die ihm hingekehrte Seite des Netzes zu. Jetzt sind sie ... in rettungsloser Haft.

V.

Wenn ein Herbst gut ist, werden dreißigtausend Enten auf den Inseln so gefangen ... Ich frage manchmal den sanften Mann: »Und was machen Sie, wenn die Tiere im Netz sind?« Er sagt: »Ich öffne am äußersten Ende des Netzes einen klaainen Sßpalt, lange mit der Hand hinein und nehme aaine Ente heraus ... Und dann« (fügt er freundlich zu, mit jener flüsternden Zartheit im Sßprechen, welche die Nordwestdeutschen an der Wasserkante haben) – »und dann werf' ich das Tier nur mal eben so'n beten um meine Hand herum, daß es die Wirbelsäule bricht.«

Er sagt dann: »Sie sind maaistens glaaich doot, man muß es nur verßtehn.«

Wieviel tötet er hintereinander bei günstigem Fang? Er sagt freundlich und zart: »Manksmal über hundert Ssstück hintereinander.«

VI.

Die Binsenkulissen und Gesträuchmauern rascheln zwischendurch wie behext unter dem Wehen des Wattwindes, von der andren Seite brüllt offne See, aber hier innen ist Friede. Hier ist eine Statt für nordisches Grauen im hell-lichten Sommer. Der ssztille Wächter geht zu einer Bucht des geschützten, verborgenen Teiches und belohnt seine einflügligen Wildenten durch Futter, – für das tun sie alles, was von ihnen verlangt wird. Uäh!

Das Abendrot scheint herab.

VII.

— — — — — — — — — — — — — — — — —

Ein Seehundsjäger, den ich auf dem Heimweg treffe (schmächtiger Schiffer, in dessen Schullehrergesicht ich wieder jeden Muskel für sich arbeiten sehe), spricht mir von den Wildgänsen, die in den kalten Monaten herüberziehn, gleichfalls aus Nordland.

Und was für eine Jagd das gebe. Manche Leute gehn dann in der Dunkelheit mit Laternen auf die Düne. Die Gänse sehn bloß den Lichtschein, aber der Mensch selber steht im Finstern. Man kommt oft nicht zum Schuß: man schlägt die Tiere mit Knüppeln tot. Überhaupt sei der Winter köstlich auf den Inseln. Besonders eigneten sich Radfahrerlaternen hierzu. Auf drei Seiten müßten sie verhüllt sein, – sagt er flüsternd und weich.

VIII.

Wir gehn ein Stück Weges zusammen über die Heide, – sie blüht braunviolett mit leuchtend holzigem Kraut, das dicht und fest wie ein Pelz auf dem Eilandsboden aufsitzt, zwischen den zwei Meeren.

... Wilde Enten, wilde Gänse! Sanfte Menschen.

Der See-Igel

I.

Heut abend sitzt man nachdenklich im Arbeitszimmer, ist die Nacht hindurch gefahren – aus Holland; hört die brennende Flamme über dem See-Igel (denn er hängt am Kronleuchter) leise glurksen und heimlich quoraxen, es dämmert ein Hauch von Verschollenheit durch den Raum, dazu kommt körperlich das Gefühl, daß man nicht ausgeschlafen hat, draußen ist alles still, nur einmal, wie in der Ferne, hört man einen Ruf, eine Frauenstimme, vielleicht eine Mutter von zweiundzwanzig Jahren, die was vom Söller hinabruft; ich denke sie mir so, – und drin im Zimmer steht wohl die Amme und hält das Kind hoch.

Das alles sieht man, fast mit leiblichen Augen, in dieser stillen Stunde, – dann steigt Niederland auf.

II.

Niederland...

Der See-Igel hängt unter der Flamme. Hat noch nie so viel Bücher gesehn; und noch kein Klavier.

Denn als ihn die Fischer zwischen England und Holland fingen, erstaunt ob seiner runden, ferkelhaften Größe, und ihn mordeten, den stachligen mit den runden, auseinanderstehenden Glotzaugen – da kam sein Leichnam in eins der kleinen, braunrotgedeckten Fischerhäuser, die sich gegen den bösartigen Dünenhimmel abheben; und in die Werkstatt für Mumien (wie es dem Pharao Rhamses zu Ägyptenland geschah, welcher in Gizeh ruht. Genau so.).

III.

Er hat einen Stachelpanzer, hart wie Stahl; nach dem Tode noch wehrhaft. Er piekt.

Berührt man ihn, dreht er sich in der Runde, beglotzt alles, dann dreht er sich in der andren Richtung, langsam; ein Fremdling der Tiefe.

Die Augen blicken als Boten der andren Welt, die menschlichen Säugetieren seit einer Jahrmillion verlorenging, – da wir, aus derselben Zelle kommend, uns von diesem Mitbruder entfernt haben im Laufe der Zeit.

IV.

(Wer weiß, wo ich noch einmal hängen werde, – ob nicht ein Marsbewohner mich einst an seiner Lampe baumeln hat; und gibt mir einen Stoß; und ich dreh' mich langsam rechts rum, links rum; starre mit posthumen Augen auf sein Amöblemang.)

— — — — — — — — — — — — — — — —

See-Igel! See-Igel! Rechts rum; links rum.

Verwunschene Möwen

I.

Manches macht auf mancher Frieseninsel den Eindruck des Verzauberten. Es gibt kein besseres Wort dafür: – verzaubert sehn die Dinge aus …

Einsam trifft man einen Mann, der tote Geschöpfe balsamiert. Schneidet die Leichen auf, entfernt alles leicht Verwesende, packt den Rest in ein Blechgefäß, das er luftdicht zulötet und irgendwohin schickt.

Dort besorgt ein Freund des Inselmannes den Rest.

II.

Auch er, im verborgen grauen Bretterhaus, gibt den Tierleichen ihre Lebensgestalt, wenn Eis und Schnee über die Frieseninsel sinken … und man Ruhe hat vor dem Anpochen sommerlicher Wanderer.

Der friesische Ausstopfer hockt bei den Tierbälgen, bei Vögeln und Seehunden; gibt ihnen die Form, wie das alles einstens dahinflog, dahinschwamm, – als es atmete.

III.

Er ist wiederum ein fast zarter, heiterer Mann. Im beweglichen Schmalgesicht sieht man die Nerven unter der Haut arbeiten, wenn er spricht. Ja; von einer sanften, freundlichen Beschaffenheit.

Er wirtschaftet in Eingeweiden der toten Kreatur, kein Duft wirft ihn auf den Rücken. Es riecht nach ausgenommenen Fett-Tieren, Körperabfällen, toten Fischen ... Rings hängen, liegen Bälge, noch ist an der Innenseite nicht alles rote Fleisch unschädlich gemacht vom Alaunbrei; mit vollen Händen wirft der Zauberer den Brei in die Hülle des verstorbenen Tieres.

Dann hängt es gesäubert, ohne festen Leib, nur Haut und Kopf; es scheint vom Nagel herunter – seltsam! – im Tode zu lächeln. Längst verschollen sind die Viecherseelen, so dort in manchem Fell gehaust. Längst verschollen.

IV.

— — — — — — — — — — — — — — — — — —

Hinten seh' ich eine räumige Kiste, aus der Töne kommen, Schreie; – dazwischen etwas wie ein Flügelschlagen.

Das sind Möwen in der Gefangenschaft. Noch hat sich ihr Gefieder nicht weiß oder silbergrau gefärbt; (das kommt im dritten Jahr; so alt sind die verhafteten Tiere nicht).

Ach, die Sturmvögel werden jung gezähmt. Wenn man früh damit anfängt, ...!

Was ist ihr späteres Schicksal? Sie kommen zu den Hühnern. Ein Stück zwischendurch in irgendeinen Hühnerhof. (Es gibt Leute, die das gern haben.)

Diese Möwen fliegen hernach nicht weg. Sie bleiben, wo sie gewöhnt sind, ihr Futter zu bekommen. Uäh!

V.

. . . .

Aber wenn so ein Vogel, fern von der See, in einem Gehöft unter gackernden, trippelnden Spottgestalten sein einsames Leben verbringt; weil man ihm die Fütterung sichert, – erwacht nicht manchmal nebelhaftes Erinnern an etwas Großes, Brausendes, Weißgepeitschtes, Salziges?

Und an schwebende, wiegende Flüge unter Wolken hin, hinter Schiffen her?

(Ach, hinter Schiffen flogen sie auch nur her, um Futter zu kriegen, Küchenabfälle; uäh!)

Tod eines Lachses

I.

Schleppen sagen die Bayern vom Angeln, wenn es aus dem fahrenden Boot geschieht.

Was wir im Norden »angeln« heißen, dies Wort verschmäht man; der Bayer sagt hierfür »fischen«. Er ist also den britischen Sprachvettern da näher geblieben als wir – sie nennen den Vorgang auch fishing.

(Obwohl sie doch Angel-Sachsen sind ... hihi.)

II.

Früh um Zehn war nach meinem Inselchen im Chiemsee ein Bekannter im Ruderboot gekommen, saß beim Bier und einem Imbiß im Gasthof, als ich vom Morgengang zurückkam. Er wollte mich mitnehmen, zum Schleppen.

Ein Postmensch mit Frau, dem das Boot gehörte, war dabei – die Sprechweise des eingeborenen Ehepaares stach von der knapperen Rede des pommerschen Junkers ab. Sie äußerten sich in freundlichem Schwall.

III.

Schleiervoll, dämmerblau guckten die Berge, Hochberge wie Vorberge, herüber in das meilenbreite, meilenlange Grünglas des Sees ... Nur: man hatte schon seit sieben Uhr morgens g'schleppt, ohne daß ein Wesen anbiß.

Ich verschwor mich, ihnen Glück zu bringen.

IV.

Siehe – kaum hatten wir begonnen, etwas über das im Mittelmeer so oft gesehene Springen der Tümmler oder Schweinsfische oder Delphine zu talken ... da entglitt dem Pommern ein Ruf gedämpften Glücks; er fühlte, daß (fünfzig Meter von uns) ein schweres Tier dran sein mußte; wie man's in diesem Wasser noch nicht gehabt.

Auf alle wirkte der Augenblick so stark, daß die vier Ruder des Postpaars mit den Ösen (in Bayern sind ja die Ruder anders als bei uns befestigt) herausrutschten – was aber stracks gutgemacht wurde.

V.

— — — — — — — — — — — — — — — —

Der Laie denkt nun: wenn ein Fisch angebissen hat, wird er hochgezogen. Keine Spur ... jetzt beginnt es erst.

Der Fisch würde, wenn die über eine Drehrolle nachgeschleppte Schnur einfach herausgeholt würde, sich losreißen oder durch die Heftigkeit der Bewegung losgerissen werden – ein besonders schweres Tier könnte durch eine schreckhafte Wendung sogar die gewachste Schnur sprengen. Jetzt geht also die ... Kunst an.

VI.

Man muß die Schnur nachlassen, wenn der Fisch (den man ja nicht sieht, der fünfzig Meter entfernt unter Wasser ist) wegschwimmen will.

Die Spannung der Schnur darf nie zu stark werden. Also muß man mit dem Boot nachfahren, wohin der Fisch lenkt – denn die Schnur hat schließlich mal ein Ende; dieser Umstand muß durch Rudern eingebracht werden.

Dabei kommt alles auf das Kommando Dessen an, der die Schnur betastet und mit dem Geschwimme, dem Gewende des Fisches Fühlung behält ... Zweitens hängt vieles vom geschickten Befolgen der Kommandos durch die Rudernden ab – die Postgatten machten jetzt ihre Sache voll Jagdgier ausgezeichnet.

VII.

. . . .

Wir haben vierzig Minuten gebraucht, den Lachs zu holen.

Etwas Schwermütiges, Trauriges mengt sich, wenn ich von meiner Empfindung sprechen soll, in den ... Sieg. Fische müssen ja geangelt werden – 's ist wahr. Aber daß mit diesem Leiden eines Tiers das Vergnügen für uns verbunden ist: das läßt mir dies Vergnügen kleiner werden.

Armer Kerl! Wir hatten ihn immer noch nicht gesehn. Wir wußten bloß durch seine Schnursignale von ihm ... Es gilt, den gefangenen schweren Fisch, wie der Jägerausdruck lautet, zu ermüden. Gräßlich. Das geschieht nur durch Nachgeben; durch Vermeiden gewaltsamer Rucke, – bis er sich mit seinem Schicksal abgefunden hat, die Flinte gewissermaßen in den Seetang wirft ... und sich zuletzt sachte hochziehn (und morden) läßt.

Es bleibt ein Augenblick starker Erregung, wenn er dann sichtbar wird, nachdem er so lange Zeit ein Rätsel schien. Mein Bekannter hatte den Sport sehr klug mit erprobter Fühligkeit der tastenden Hand bewältigt.

VIII.

Es war ein Lachs. Fünfzehn Pfund. Länge: gut ein Meter.

Wenn er mit dem Netz ins Boot gehoben wird (denn beim Heben mit der Schnur wäre noch in der letzten Sekunde sein Verlust zu fürchten, weil ja der Fisch in der Luft schwerer wird) – da macht er noch einen Gewaltsprung. Den letzten Rettungsversuch.

Nützt nichts.

Jetzt, endlich, erlöst ihn ein richtig gezielter Schlag mit dem Holzscheit von der Erinnerung an alle Qual der letzten vierzig Minuten – (und an die Lust vorausgegangener Jahre: wo er andre Lebewesen teils gefressen, teils begattet hat; so geht es zu in der Welt).

IX.

— — — — — — — — — — — — — — — —

Ich habe den Hergang einfach geschildert; ohne doch beschreiben zu können, wie beglückt ich, gegen meinen Willen, war, als wir den Fisch hatten.

Ja, gegen meinen Willen!

(Wir sind noch nicht genug entafft.)

... Soviel über den Tod jenes Lachses.

Der Wasserkäfer

I.

Der Film wird ein irdischer Wert: wenn er die Natur beschleicht, packt, verewigt, entlarvt.

... Am Schluß (in einer kleinen Stadt) gab es »Ein Bild aus dem Tierleben«. Der Wasserkäfer ist Mittelpunkt. Ich sehe, wie er sich und seine gleichgearteten Larven mordend ernährt.

Alles tausendfach vergrößert.

Dies Winzige bekommt in der Vergrößerung seine schreckensvolle Raubtiergestalt.

II.

Man gewahrt (während sekundenlang etwas innen stockt) riesengroß den furchtbarsten Kampf zwischen Geschöpf und Geschöpf.

Der Wasserkäfer stürzt sich auf einen Salamander; seine Larven stürzen sich mörderisch auf Kaulquappen; ein Ringen, mit haarsträubenden Einzelheiten in dieser Vergrößerung, hebt an.

Sie packen mit spitzen scharfen Fetzbohrern einander um die weiche Mitte des Leibes; der eine will den andren dann lähmen, erdrosseln; gräßliche Zuckungen, wüst-wirr. Stumm, kein Ton; dennoch hört man das Keuchen, das Röcheln; jeder in Menschenlänge; einer beißt, um zu beißen; einer beißt, um nicht gebissen zu werden; Todeskampf; das eine Viech hat nun das andre fast am Ersticken; jetzt gibt es ihm den Rest; nein, das andre zuckt noch; endlich; aus; das stärkere Viech schleppt das tote Viech fort; beide sind menschenlang; es ist furchtbar.

III.

Der Film wird ein irdischer Gipfelwert, sobald er (fern von käsigen Rührdichtungen der Poetaster) den Deckel dieser Welt lüpft: wo die Wasserkäfer leben.

Karnickel

I.

Grunewald. Winter.

Nachts, wenn man heimkommt, sieht man das ganze Jahr hindurch die Straße von wilden Langohren erfüllt. Riesenviecher. Beinah wie zurückgebliebene Känguruhs.

Das ist ein Leben des Nachts auf dem Wagenweg und auf dem Fußweg! Es fehlt einem, so die Wildversammlung auf der Straße nicht vollzählig ist.

Manchmal pürscht man sich heran, schleichend.

Die Wildkarnickel tosen in alle vier Winde. – Aber sie machen nach einer kurzen Strecke wieder Halt, sichern (einer hier, einer dort) und rennen dann abermals ein Stück, so daß die Straße nachts immer belebt bleibt; ja daß förmlich der Mond von riesenlangen Ohren verdeckt wird, der Himmel sich verdüstert und jeder Punkt des Damms beweglich scheint.

II.

Wenn ich meine Haustür aufschließen will, nachdem ich das Gartentor längst geschlossen, sitzt vor der großen Glasscheibe unter der Einfahrts-Traufe von Milchglas ein hasenähnliches Geschöpf mit vier Läufen und senkrecht gewaltigen Lauschern – es hüpft, rennt, schießt, torkelt durch irgendeine Öffnung zurück.

III.

Bei furchtbarem Schneefall hat ihr Volk schwer zu leiden. Die armen Kreaturen, die sonst immer erst nachts ihre Versammlung abhalten, werden am Spätnachmittag schon vom Hunger auf die Straße gedrängt.

Eine Wohnung hat jedes dieser Geschöpfe drunten in der Erde, doch keine Beköstigung. Nachts, wenn ich ankomme, haben sie nun kaum noch die Kraft, schnell wegzulaufen – sobald ich mit dem Regenschirm visiere. Sie wanken bloß kleinlaut von hinnen.

Warum soll man seine Gefühle nicht wahrheitsgemäß feststellen? Es ist nicht »überspannt«, bei Frost, ob man will oder nicht, das furchtbare Leid der mitlebenden Kreatur zu empfinden, so daß man fast zu Boden gedrückt wird. Ich weiß, daß wir unsre eignen Sorgen haben – ...

Diese armen Viecher sind mit geringen Verstandeskräften, ohne genossenschaftlichen Verband der furchtbaren Grausamkeit ihres Hungers hingegeben. Es sind nur Karnickel – ich weiß. Ich weiß, daß höhere Tiere vom Winter anderswo zu leiden haben. Edlere Gattungen – ich weiß. Aber diese da seh ich doch jede Nacht und jeden Spätnachmittag. Ich sehe, wie sie täglich kleinlauter werden, wie sie täglich torkelnder, langsamer davonwanken. Und wenn ich schon einiges Weißbrot dort verstreue, so kann ich diese Völker alle doch nicht von gräßlicher Folter befreien.

Ich steige die Treppen hinauf ... im Einschlafen wacht immer der Gedanke, daß da unten Wesen wie ich von bitterster Marter zerfleischt werden; daß sie wanken, hoffen, klagen, leiden, in verlängerter Qual erzittern, verzweifeln, sterben.

— — — — — — — — — — — — — — — — —

Verflucht. Gutnacht.

Der Bullenbeißer Jonathan

I.

Hinter den weißgrauen Wolken mag die Schneekoppe liegen und der Riesenkamm. Sehbar sind sie nicht, denn es gießt mit Kannen ... Der Bullenbeißer Jonathan erschauert. Er ist für feuchte Kälte nicht eingenommen, wie alle Jüngeren seiner Rasse, sitzt mit groß erstauntem Blick auf den Polstern, an Reinlichkeit während dieser Fahrt ein unverrückbares Vorbild, und ahnt nicht, welche Gefahr ihn umdräut.

Der Vorsteher mit der roten Mütze sagt während einstündigen Aufenthalts voll Teilnahme mit schlesischem Tonfall: »Lieber Herr, där Hund wird Ihn' ja hier erschossen!« Ich höre, daß Hundesperre herrscht, keine Gnade geübt wird. Ich verlasse den Bahnhof nicht, verstecke das weißbäuchige Tier unter dem weiten Reisemantel, in den man sich zweimal hüllen kann, und fahre mit der nächsten Gelegenheit ins Waldenburger Gebirge, dort werden sie wohl ein Einsehn haben und solche Geschöpfe nicht umbringen, zumal mit so leuchtender Jugend und grimmig-komischer Anmut begabte. Das wäre noch schöner.

Als der Abend niedersinkt, steigen wir zum Übernachten in einem kleinen schlesischen Ort aus. »Ist hier Hundesperre?« – »Nee doch!« –

II.

(Um 8 Uhr abends.) Ich spanne den Schirm auf, gehe schräg über den Platz in das Schlächtergeschäft und kaufe für Jonathan Schabefleisch. Die Strippen klatschen dicht vom graufahlen Himmel. Ich schleiche triefend in den Gasthof. Kißlingsches Kulmbacher gibt es und Forellen. Das schwarze Bier hat, ganz entfernt, einen Beigeschmack von Rauch oder Pech. Draußen klatschen die Strippen, in aller Stille dieses grünbelaubten Kessels, über dem die Nacht liegt. Der Kellner bringt noch ein »Seidel«. Man raucht und denkt beim Trinken an den Stammsitz dieses Tranks in der alten Oderstadt. Das liegt weit zurück ... Um Zehn ruht man. Nebenan in einem Mansardengelaß schnarcht Jonathan, daß sich das Dach biegt.

III.

Zwei Tage darauf steht man am Fuß der Hohen Eule. Noch einen Tag hat es gegossen, dann blauer Himmel. Schlesien grünt und duftet und blüht, es ist ein herrliches Land voll zutraulicher Lieblichkeit, mit vielen Wiesenblumen, begrüntem Fels und Quellbächen.

Und mit freundlichen, zutraulichen, behaglichen, menschlichen Menschen.

Wieviel Bäuerle trifft man unterwegs und Bauernmädel und Bäuerinnen; welche mit Blondhaar; und welche mit schwarzen Zöpfen und mit Augen wie Hutnadeln. Die alten Männerle, die alten Weiberle, die kleinen Jungen, die Pferdeknechte und die

Hütemädel – alle sagen zu Jonathan etwas Freundliches. »Hundla« rufen sie ihm entgegen. Keiner, der ihm nicht von Herzen was Gutes wünscht. Er springt glückselig an ihnen hoch und wackelt mit dem Hinterteil.

Ein sonntäglich bescheidenes Ehepaar (eine behagliche Frau und ein schmächtiges Männdel mit gelbem Schnurrbart) kann sich auf dem Wege von dem »Bullenbeißerle« gar nicht trennen. »Nu da!« sagt der Mann, »wir habener welche mi'm Teelöffel uffgezoga!« Nämlich wenn die Alte gestorben war. »Und hernacher a Sticke Veilchenwurzel am Bändel um a Hals gehängt, das ham se gerne, wenn de Zähndel kumm! ...«

IV.

Die Eule hat einen Namen, grau, nächtlich, düster. Aber sonnensatt liegt sie da. Den Turm auf ihrem breiten Rücken. Die Eule – das ist sommerlicher Mittagsfrieden und schlesische Wäldereinsamkeit mit einem Blick über schwarzgrünes Gebirg und grün-lichtes Tal mit roten Ortschaften.

Die Eule trägt den Blick weit; es wächst in Schlesien zu Beginn des Junimonats alles dicht und reich und dick und feucht, und dazu hört man immer was rauschen. Matten und Häusel gibt es, Bachstelzen fliegen, Obstbäume blühn, im Wasser schwimmen Forellen, die Erde lacht.

Von oben sieht man die Heuscheuer wie eine blaugraue Wand im Abendschein liegen, und die Kulissen der Berge sind bald keine Kulissen mehr, sondern wirklich atmende, lange Meereswogen, die hoch und dunstselig dahinrollen über die Welt, über Schlesien, über die Heimat.

Was man in der ersten Jugend gesehn, nein: aufgesogen hat, das läßt, wie auch das Leben dann andre Gesichter zeigen mag, klingende, singende Spuren für immer zurück.

Dies wundergute Land sah gemeinstes Elend in fahlem tödlichem Groll. Auch heut sind die Weber keine Milliardäre. Doch zu schweigen brauchen sie nicht mehr ... Und heut sind sie, wie damals, als Menschen freundlich, gütig, betulich und zutraulich, edle Kerle vom Scheitel bis zur Sohle. Wer es leugnet, ist ein Hundsfott.

V.

Der Bullenbeißer Jonathan war mit auf die Eule gestiegen. Er sah von dem Turm über Schlesien.

Unterhalb des Gipfels, eine Viertelstunde Wegs, liegt das Euldörfel. Es ist im Grunde kein Dorf, bloß ein paar verstreute, verschollene, demütig-holde Anwesen. Wenn man des Abends beim Abstieg bei einem vorbeikommt, sieht man kein Licht, denn die Insassen legen sich mit den Hühnern hin, um mit der Sonne zu erwachen. Hie und da steht noch ein »Jungla« vor der Tür und guckt in den späten Schein. Es riecht feierabendlich nach Heu und Kuhmist. (Jonathan trottet wie ein Kind) ... Gegenüber von dem Häusel ist ein Abhang. Schon mehr ein Abgrund. Nein, kurzweg ein Grund. In dem Grunde »diest« etwas. Mir fiel von dem heimgegangenen W. von der Vogelweide ein mittelhochdeutsch malender Vers ein:

Ich hôrt ein wazzer diezen.

Gibt das nicht eine andre Tonmalerei (ich sage nicht eine bessere) als der Satz: ich hörte ein Wasser rauschen? So wie dieser Vers es malt, so dieste das Wasser dort ...

Ganz in der Tiefe schoß es hin. Mit scharfem Gang. In allerhand Windungen. Halb verborgen ...

Und sein Ton drang durch das nahende Dunkel über Matten und Büsche herauf. Drüben, jenseits des Grundes, schwebten hundert Hängebirken langsam durch die Wolken in das Paradies.

Wir schritten ins Tal. Die Nacht brach ein. Und der Bullenbeißer Jonathan, der kurz vorher noch gebellt hatte wie ein Lümmel mit Stimmbruch, suchte sich beim Gehn an meine Beine zu schmiegen.

— — — — — — — — — — — — — — — — — —

VI.

Heute wird hier das Schicksal eines Hundes gemeldet. Eines nicht alltäglichen Hundes; eines jungen Tieres mit großem Kopf und weißen Strümpfen und breiter Brust; der Tod des Bullenbeißers Jonathan.

Ein Hund kann das ulkigste, freundlichste von allen Geschöpfen sein – und geht plötzlich nach Martern von kaum vorstellbarer Qual zugrunde. Mit einem glückseligen, springenden, grimmig schönen, klugen, komischen, zutraulichen, herrlichen Tier geht man aus – und mit einem Paket kommt man heim.

Wir schlenderten durch den Grunewald in der Nachmittagsschwüle. Allmählich kamen die ersten Häuser der Stadt. Dann saß das grimmig-freundliche Wesen eine Stunde lang behaglich auf dem Stuhl eines kleinen Gartens unter einem Zeltdach. Dann gingen wir zurück in den Grunewald. Aber nach den ersten Schritten – was war das? Die Bulldogge schießt mit gellend langen Schmerzenslauten davon, jetzt zurück, jetzt im Kreis herum, ein Ton erschüttert die Luft, der im Handumdrehen ein halbes Hundert Menschen herzueilen läßt. Ein fürchterliches Schreien. Das Tier rast. Man merkt mit halb stillstehendem Herzen, daß es vor Schmerz verrückt ist.

Man greift es mit vieler Mühe, hebt es hoch und rennt mit ihm davon, in der Richtung des nächsten Tierarztes.

Der Hund reißt sich los. Er brüllt, als wenn ihm die Eingeweide langsam durchschnitten würden.

Man stürzt hinter ihm her, hebt ihn nochmals hoch und läßt mit aller Kraft nicht locker.

Aber wütende Töne gibt der Hund von sich, schneidende Laute überirdischen Schmerzes, – die ich von keinem Tier und keinem Menschen jemals gehört. Mit der letzten Anstrengung halt' ich ihn und stürze vorwärts, der Schaum steht ihm fingerdick vor dem Mund. Ich muß verhüten, daß er irgend jemanden beißt; ich muß ihn auch so halten, daß er mich nicht beißen kann. Für die Dauer eines längeren Lebens werd' ich diesen Weg nicht vergessen. Der Hund erkennt mich nicht mehr.

Er ist bloß noch eine rasende Masse.

VII.

Zufällig ist eben der Tierarzt im Begriff, sein Haus zu betreten. Er geht voran, ich mit der Last ihm nach. »Der Hund ist toll.« – »Toll nicht, aber wahrscheinlich geisteskrank ... Gehirnkongestionen... Man muß versuchen, ihn herunterzulassen, vielleicht beruhigt er sich im Zimmer...«

Aber das rasende Geschöpf beruhigt sich nicht, es schießt wie eine Ratte dahin, merkwürdig verändert, den Bauch an der Erde, – hierhin, dorthin, mit langgezogenen Irrsinnstönen, es stößt an Schränke, Tische, daß sie wackeln, immer den Bauch an der Erde ... in der Art einer fliehenden Ratte.

Ein schrecklicher Anblick, als ob er geglüht würde.

Ich kommandiere: »Bleib!« das ihm wohlbekannte Signal. Wie mit einer Reflexbewegung bleibt er angewurzelt für eine Sekunde, – – dann tobt er toller als zuvor.

Wieviel Wunden muß er sich geschlagen haben.

Ich rufe verzweifelt seinen Namen. Wieder hat er einen lichten Augenblick, legt die Vordertatzen freundlich an mich, aber mit einer fremden Trauer in den Augen, in der nächsten Sekunde schießt er wieder als eine gellend brüllende Ratte herum, bis er niedersinkt.

VIII.

Ich fasse den Schreienden, hebe ihn auf den Operationstisch, der Doktor kommt mit der Morphiumspritze, eine ganze Menge von dem einschläfernden Stoff wird dem Tier unter die Haut gejagt. Es ist anscheinend umsonst. Er rast weiter, schreiend, er stößt seinen herrlich getigerten Leib grausam an alles, was fest ist, bis er sich unter ein Sofa verkriecht. Dort sitzt er und ... singt.

Es ist fürchterlich. Dieser irrsinnige Hund singt wie ein Vogel. Ich habe so eine Stimme niemals gehört.

Ein mir fremdes Wesen kauert dort.

Der Doktor sagt: »Weiß der ...!, wenn ich nicht wüßte, daß ein Hund hier im Zimmer ist, ich würde glauben, es ist ein Vogel, ein Papagei ... oder jetzt wie ein Huhn...«

IX.

Es war mir nicht möglich, das Leiden meines lieben Freundes länger mitanzusehn. Der Doktor versprach sich von Brom, das etliche Tage hintereinander gegeben werden soll, für das Tier eine Wirkung. Ich fragte: »Kann sich der Anfall wiederholen?« Das könne er schon. Und was ein starker Bullenbeißer in solchem Augenblick dann anrichte, sei nicht übersehbar. Man würde gut tun, ihn unter diesen Umständen, falls es sich nämlich wiederholt, »abzuschaffen«.

Abzuschaffen ?

. . . .

»Was ist die mildeste Methode?«

Er sprach: »Wir könnten ihm dann eines Tages Chloroform geben, daß er glatt einschläft.«

Unter dem Sofa saß der Hund und sang. Von Zeit zu Zeit war es still – dann brach wieder ein langer Ton irrsinnigen Leidens hervor. Ich beschloß, ein Ende zu machen. »Geben Sie ihm, Herr Doktor, das Chloroform jetzt gleich.«

Er sagte: »Vielleicht ist es Ihnen möglich, das Tier auf den Operationstisch zu bekommen, von seinem Herrn wird er sich eher greifen lassen.« Ich sah unter das Sofa, dort saß die Bulldogge mit völlig verändertem Blick, die Zunge hing heraus, er kannte mich nicht. Ich schob ihn nach der schmalen Seite des Sofas, bis der Kopf hervorkam. Ich faßte meinen Hund zum letzten Male fest und sanft; ich hob ihn auf den Tisch.

Der Arzt hatte das Zimmer verlassen, um etwas zu holen. Ich streichelte das Fell meines Tieres. Es war still erschöpft und ließ traurig meine Hand über sich gleiten; er schien mich zu kennen. Der Arzt mußte bald eintreten, denn ich hörte das Geräusch einer Flasche und eines Trichters. Ich sprach zu meinem Hund:

»Mein lieber, lieber Jonathan!«

X.

Als der Doktor ein Tuch über den Kopf des Tieres legte, war es wie ein Erwachen. Der Hund, eben noch ruhig, sträubte sich mit der letzten Kraft. Er schien zu wissen, was bevorstand. Er wehrte sich verzweifelt. Der Doktor sprach: »Bitte, halten Sie ihm die Hinterfüße.«

Ich hielt sie.

Er goß von der Flüssigkeit auf das Tuch. Bald ließ der Widerstand nach. Ich scheue mich nicht, hier zu verzeichnen, daß ich an dem Hund das übliche Merkmal der Todesangst gewahrte.

Nach einer kurzen Weile stieß er dann einen kurzen Seufzer aus, wie er mitunter im Leben, wenn er glücklich und müde war, einmal kurz geseufzt hatte. Hierauf schlief er fest.

Der Doktor sprach von Hirnkongestionen, die nur in manchen Fällen bedrohlich seien, und von der völlig veränderten Stimme, die ihm aufgefallen sei. Diese mache ihn stutzig, weil sie ein Merkmal für Tollwut sein könne. Wir plauderten darüber. Der Hund schien bloß zu schlafen. Aber der Arzt nahm ein Hörgerät, das er in die Herzgegend schob.

Das Herz des Bullenbeißers Jonathan schlug nicht mehr.

XI.

Er hob ihm nun das Tuch vom Kopf. Ich sah nicht hin. Der Hund hatte mich vor ein paar Tagen gebissen – und nicht nur mich. Allerhand Möglichkeiten stiegen auf ... Der Arzt blieb zwar nach wie vor bei seinem Glauben, daß Hirnveränderungen vorlagen und nicht Tollwut – aber die veränderte Stimme hatte Bedenken in ihm erzeugt. Er fragte nach Bißwunden.

Das waren bloß geringe Zerreißungen der Haut, diese Bulldoggen schnappen ja gerne nach den Händen.

Er betonte, daß nach seinem besten Gewissen Tollwut nicht anzunehmen sei (er war sonst auch zur Meldung verpflichtet), doch er riet: den toten Bullenbeißer von der Wutschutz-Abteilung untersuchen zu lassen.

Zugleich gab er anheim, daß Personen meines Bekanntenkreises, die von dem Hunde gebissen waren, sich impfen lassen möchten. Er selber, der Arzt, habe sich in einem ähnlichen Fall der Impfung unterzogen.

»An das Stechen gewöhnt man sich bald. Die ersten zwei Male tut es nicht sehr wohl, aber am fünften, sechsten Tag hat man fast ein Bedürfnis danach. Der Bauch – man wird nämlich in den Bauch geimpft – sieht freilich wie eine Landkarte aus. In allen Farben. Aber das vergeht. Das Unangenehme ist, daß man einundzwanzig Mal hinmuß – daß man täglich an einundzwanzig Tagen geimpft wird. Die Herren sind liebenswürdig, aber die meilenlange Fahrt durch ganz Berlin drei Wochen lang jeden Morgen, um den Stich zu empfangen – es gibt Hübscheres auf der Welt …«

Der Arzt holte langsam etliche Bogen Packpapier, legte die Bulldogge darauf und begann zuzuschnüren.

Das Paket fuhr mit mir in den Grunewald zurück.

XII.

Gegen Abend waren ein paar dringende Anordnungen und die telephonische Vorbesprechung soweit erledigt, daß der Körper nach der Schutzstelle gegen Tollwut gebracht werden konnte.

Das Paket war, um transportabler zu sein, zur Hälfte in einen großen Rucksack geschoben (mit dem ich vor allerhand Sommern über das Schlappina-Joch im Morgenlicht aus Tirol in die Schweiz gestiegen war). Die Riesenstadt atmete still an einem beruhigend sommerlichen Abend, die Leute gingen spazieren, nein, sie schlenderten, der Tag war drückend gewesen, jetzt kam frische Luft, alles schien zu plaudern, und die Hunde gingen mit.

XIII.

Was ist das für eine merkwürdige Gegend, hier draußen, hoch im Nordwesten; noch nie war mein Fuß dahin gekommen. Alles frisch erstanden. Viel Grün, auffallend gute Luft. Der Wagen fährt an einem Kanal entlang, man liest »Südufer«, dann »Nordufer«. Hier gibt es plötzlich eine Sonderstadt …

Etwas Graues, Sympathisches, Neues dehnt sich; nicht ein Haus, wirklich eine Stadt.

Nahebei, unter den Bäumen, lustwandelt alles, was in dieser besitzlosen Gegend Luft schöpfen will. Ein sehr heiterer Friede dämmert um den Bezirk.

XIV.

— — — — — — — — — — — — — — — — — —

Nicht weit ab liegt ein stark unterscheidliches, aus roten Ziegeln erbautes Anwesen, – das ist der Ort, wo übertragbare Krankheiten bekämpft werden. Das Verfahren ist folgendes:

Das Gehirn des toten Hundes wird untersucht; die Spuren der Tollwut sind dann mitunter sofort zu erkennen ... Die Untersuchung ist aber nicht unbedingt maßgebend. Es ist möglich, daß ein Hund toll war, und daß trotzdem die Prüfung nicht Entscheidendes verrät ... In diesem Fall geht man zum zweiten Teil des Verfahrens über: zum Impfen. Teile vom Gehirn des toten Hundes werden andren Tieren, Versuchstieren, eingeimpft. Sterben sie nach der Impfung unter bestimmten Erscheinungen, so war der Hund tollwütig. Die geimpften Tiere sind ... nicht bloß Kaninchen und Meerschweinchen. Bei einer dritten Tierart tritt die Wirkung noch schneller ein: bei den Ratten.

XV.

Diese Erfindung ist großartig, man erfährt mit voller Sicherheit, ob der Hund wutkrank war oder nicht.

Bleiben die Ratten, Karnickel, Meerschweinchen lebendig: so war die Krankheit des verstorbenen Hundes nur in Äußerlichkeiten verwandt mit der Tollwut, aber nicht Tollwut selber, und (dies ist das Wichtigste) auch durch Bisse nicht übertragbar.

Aber der heikelste Punkt an Pasteurs Erfindung ist: daß die Versuchstiere vielleicht erst nach zwei Monaten erkranken, also ziemlich spät die Spuren der Tollwut aufzeigen. Innerhalb dieser zwei Monate –

XVI.

Innerhalb dieser zwei Monate weiß der Gebissene nicht, ob ihm selber ein Ausbruch von Tollwut bevorsteht. Hier setzt nun der Schutzversuch, die Menschenimpfung ein. (Rattenimpfung dient zum Erkennen, Menschenimpfung zum Beseitigen der Krankheit) ...

Das Unheimliche bleibt am Schicksal der Gebissenen, daß noch zwei Jahre nach dem Biß die Krankheit jählings bei ihnen ausbrechen kann ... Der Gedanke, daß ich anno 19.. im Theater einen vor mir sitzenden Herrn plötzlich in den Kopf beiße, vielleicht zu bellen anfange und mich tot rase, hat für mich (darin bin ich komisch) nichts Anheimelndes.

XVII.

. . . .

Der Gelehrte, der meinen Fall behandelte, riet mir, als er erfuhr, der Hund sei vorübergehend in Schlesien gewesen, die Impfung vornehmen zu lassen ... Nun begann ein Kampf in mir. Ich habe die größte Bewunderung für Pasteur – aber auch die größte Abneigung, mir einen Fremdkörper unter die Haut bringen zu lassen; zumal wenn dies Serum auf Umwegen von wutkranken Tieren stammt ... Es war mir nicht angenehm, einen Tollwutstoff ins Blut zu bekommen, wenn es auch ein Tollwut-Abwehrstoff war ...

Ich schlief in dieser Nacht weniger fest als sonst.

XVIII.

Am Morgen fuhr ich wieder hinaus nach dem fernen Stadtteil mit dem Burg-Anwesen.

Jedes der Symptome sprachen wir nochmals durch – und siehe, eines (das ich nicht berührt hatte) war ausschlaggebend. Eine Stunde vor der Gehirnkrisis hatte der Hund eine große Mahlzeit, fast ein halbes Pfund Schabefleisch und Reis, mit größter Wonne zu sich genommen. Das macht ein wutkrankes Tier nicht.

— — — — — — — — — — — — — — — — —

XIX.

Die Gefahr des Erkrankens ist für mich ausgeschaltet.

Die Trauer um den Freund mit seiner Drolligkeit und grimmen Schönheit hat aufs neue die Oberhand.

Noch lebt er bei mir auf meinen Gängen im Wald.

... Und wenn ich einen Weg überschreite, ruf' ich gedämpft: »Jonathan, hopp ...«

Der Hund von St.-Malo

I.

Nach Jonathans Tod geht mir kein Hund mehr nahe. Doch! einer griff ans Herz. Wir grüßten uns bloß – und wurden auseinandergestrudelt.

Schön sind sibirische Hunde. Schäferhunde! Man denke nicht an etwas Trostloses, Kahles, – vielmehr an das Behaarteste, was sich denken läßt. Ein Bählamm, wie es die Kinder haben, gibt eine Vorstellung von diesen wollig-bewachsenen Wundertieren ...

Einen Meter hoch werden sie wohl sein ... Über die Augen fallen Haare, die Beine sind breite Wollsäulen, die Lauscher baumeln tief herab, das Antlitz ist breit, gutmütig, klug, stark, entzückend.

Ein schlechter Kerl will ich sein, wenn diese Lümmel nicht aus einer Kreuzung mit Eisbären entstanden sind ...

Die Sibirier sind voll, fast quadratisch, wie mit riesenweiten Hosen angetan, kurzum: bärenhaft.

II.

Ich sah so ein Tier im Sommer auf einem Boot zwischen St.-Malo und Dinard – und war gleich bezaubert.

Ein reicher Franzose, seine noch junge Gattin und ihre blutjunge Tochter, eine dunkeläugige Kreatur, selber hochgeschossen und ganz tapsig, waren in der Gesellschaft des wonnevoll gewaltigen Untiers mit dem samtenen Blick und der schwarzen Eisbärnase.

Meine Ruh' war hin, mein Herz war schwer – solange wir über die Bucht fuhren.

Ich konnte die Augen nicht von dem himmlischen Vieh wenden. Vieh? Nein, Waldmensch.

Wir gingen an Land; ein Schwarm von Menschen stürzte den steinernen Staden hin auf die Vedette zu, das Motorboot; die drei Hundebesitzer verschwanden mit ihrem Schatz im Gewühl, ich war von ihnen abgesprengt, aber mein Herz –. Mein Herz folgte dem Waldmenschen.

III.

. . . Ich stelle mir vor, daß die Freundschaft mit einem solchen Wesen lieblich sein muß. Wo der Bursche hintritt, wächst kein Gras mehr. Stark und mild.

Edel guckt er. Und es ist ein Verlaß auf ihn.

Leb wohl im Getriebe der Welt – Hund von St.-Malo.

Die fremde Katze

I.

Seit Jahr und Tag ist man der Siedler seines Gartens. Allein – dennoch nicht allein.

Bisweilen empfängt man den Besuch eines Katzentiers, das über den Zaun plankt, sich hintertückisch in den hohen Rasen schleicht und alle Vöglein belauert.

Ich raune mir erbittert zu: »Frisch auf zum fröhlichen Jagen.« Aber sie ist noch schneller als ich; nur ein Steinchen berührt manchmal ihre Nordseite strafend.

II.

Verbrecherin, infame; meine Drossel hast Du auf dem Gewissen. Eine Staatsdrossel, groß wie ein Rabe. Das Schmuckstück meiner grünroten Einsamkeit. Jeden Morgen kam sie und sang herzbrechend. Infames Luder, auch einem Sperling kannst Du nicht mehr grade in die Augen sehn; es kommen bloß noch wenige zu mir.

III.

Und mein Spickaal? Gierschlung, graziöser! Warum ließ Eurykleia, die Bedienerin, das Speisekammerfenster offen an jenem herrlichen Sommerabend? Nur sein Gerippe sah ich wieder, des Spickaals.

IV.

— — — — — — — — — — — — — — — — — — — —

Gestern traf ich die weiche Jägerin abermals in den Gebüschen, die meine Fenster umschmeicheln. Ich rannte durch das afrikanische Zimmer, füllte mit Wasser einen Pott, pirschte mich hinaus, es begann unser Wettrennen. Als Du auf dem hohen Zaun angelangt warst, bekamst Du Dein Bad.

Ich auch übrigens.

V.

So verfließt, immer anregend, munter, lebhaft und im engen Zusammenhange mit der Natur das Dasein.

Seit Jahr und Tag ist man der Siedler seines Gartens. Niemals allein. Luder! Gierschlung, graziöser!

Die Spinne

I.

Spinnen gibt es in meinem Garten. Die spannen ihre Netze zwischen den Weinranken des Laubengangs. Jedes Mal ein Mirakel, Kinder, wenn man's wieder beobachtet. Als hätte die Bestie Mathematik, Zeichenunterricht gehabt.

Diese witzige Symmetrie; die kunstvoll architektonische Gliederung, mit der sie aus ihrem Schleim was erbaut! Und in die Mitte setzt sie sich ... und lauert.

II.

Ach, wir Dichteriche sind ja nicht wie andre Menschen; andre würden die Netze zwischen den Weinranken abfegen, damit Ordnung herrscht. Ein Schriftsteller jedoch will sich das Leben wie den Charakter so einer Spinne recht anschaulich machen – geht in sein Arbeitszimmer, fängt dort Fliegen. (Diese Tierchen, lästige Miteinwohner, sind manchmal ohnedies zum Tod verurteilt. Sollen sie wenigstens im Tod einem das Wissen bereichern.)

III.

Man fängt Fliegen, füttert Spinnen damit. jedesmal ein ... nicht lachen, ein beinah erschütternder Vorgang.

Folgendermaßen.

Man nimmt die lebende Fliege, nähert die Hand dem Spinnennetz. Aller Wahrscheinlichkeit nach müßte nun die Spinne doch Angst vor der Hand eines Menschen bekommen – und entfliehn? Aber nein. Der Jagdinstinkt ist so groß in der Bestie (kann auch eine ganz kleine Spinne sein), daß sie des hunderttausendmal überlegenen Menschenfeinds nicht achtet, alle Sinne nur auf das Opfer gerichtet.

IV.

Sie regt sich: wenn sie nur von ungefähr das Nahen der Fliege bemerkt, so eine fremde Hand dem Netz entgegenbringt. Ich lade nun die Fliege mit Fleiß in einem entlegenen Teile des Netzes ab, entfernt vom Mittelpunkt, worin die Fallenstellerin thront. Und nun ...

Und nun geschieht das – es gibt kein andres Wort – das Erschütternde. Sie stürzt sich, kaum daß die Fliege das Netz berührt hat, mit unerhörter Jagdwut Hals über Kopf auf das Tier ... und erdrosselt es.

So scheint es der Beobachtung. Sie nimmt die Fliege voll rasender Spannkraft, umschnürt sie mit Fäden, turnt um das Opfer herum, ... man sieht, wie sie etwas aus sich erzeugt, womit sie die Zappelnde gnadenlos einwickelt. Gnadenlos.

V.

(Nach einer Sekunde kann die Fliege, die in eines Menschen Hand so unruhig strampelt, kein Glied rühren, ist zusammengewurstelt, mit grauem Stoff umhüllt ...

Der Widerstand des erbeuteten Tieres war von Anbeginn spärlich: so daß mich nach vielfältiger Beobachtung dünkt, die Spinne spritze wohl gleich etwas von sich, was das Opfer betäubt.)

VI.

— — — — — — — — — — — — — — — — — —

Ich sah die Erbeutung einer sehr großen Fliege durch ein Spinnchen, das viel kleiner als die Fliege war; trotzdem blieb jeder Widerstand sofort zwecklos.

Die Hinrichtung dauert winzige Zeit ... Und dann? Die Spinne scheint mir auch darin ein echtes Raubtier, daß sie nicht gleich die Beute verzehrt. Sie lassen meist ihre Fliegen im Netz hängen. Fressen sie erst nach einer Weile, ruhevoll ...

VII.

Das beobachtet man erschüttert im Garten.

In diesem Garten färben sich die Weinblätter, mein zahmer Igel namens Kasimir kommt abends behaglich aus seinem Erdgang vor das afrikanische Zimmer, meldet sich zum Fraß, – meine Rosen blühen jetzt wundersam rot (und zartrosa) über dem schweren Grün des Rasens ...

Und ich würde jedem Weibsstück, das mir wohlwill, gern eine davon schenken.

(Obschon es, Menschenbrüder, ein Mordgarten ist ...)

Die Raupe

I.

Unmöglich, ein Frühlingsgeschöpf nicht zu erwähnen, welches, o Natur, soeben auskroch. Seit dem vergangenen Herbst saß es in einer Glasschale, mit Rosenblättern bedeckt – und mit durchlöchertem Papier überspannt. Eine Raupe des Gartens war zwischen diese Blätter gesetzt worden, damit sie überwintere ... und im Frühling ein Schmetterling werde.

(Jeder Schuljunge weiß, daß Raupen späterhin Schmetterlinge werden. Doch es macht einem Spaß, und man fühlt sich kurzerhand als Schöpfer, sofern man dieses Begebnis vorsätzlich herbeiführt.)

II.

Der letzte Rest von dem früheren Garten ist diese Raupe. Den ganzen Winter hat man sie beobachtet. Wie sie sich einpuppt! Wunderbare Veränderung.

So eine Raupe ist doch grün, mit dunklen Querstreifen und haarig, – wo kommt alles das hin? Ich weiß nicht. Allmählich hat man unter den Rosenblättern ein merkwürdiges Geschöpf, nein: eine merkwürdige Sache. Das ist kein Lebewesen, bewegt sich nicht, nimmt keine Nahrung, hat einen ganz dünnen Panzer wie von feinblättrig schwarzblauem Stahl ...

Wo ist die Form der Raupe hin?

III.

Die neue Gestalt sieht ja wie ein Kegel aus; nicht wie ein mathematischer, sondern wie einer, der bei »alle Neun« mit umfällt ... Oder: wie ein Futteral mit einer Gliederung, mit einem Ansatz wie einem Kopf. Dies Ding liegt neben den Rosenblättern, offen sichtbar, reichlich sechs Monate lang, wird von der Heizung erwärmt, von Zigarettentabak durchräuchert, hört jeden Wintersturm in der Nähe des Fensters ... Hört es ihn?

(Vielleicht wie unsereins im Traume was hört.)

Denn das Ding hat kein Bewußtsein; das Ding liegt in einem Winterschlaf – wie mein Igel Kasimir einen solchen durch sechs Monate schlief, eh' er von den Pförtnerskindern in meiner Abwesenheit zugrundegequält wurde ... Doch der Igel wacht als Igel auf, – erinnert sich des Gartens, in dem er sein Erdloch für den Winterschlaf selber vorbereitet hat. Die Raupe bleibt keine Raupe ... und erinnert sich nicht.

IV.

Ich wette: sie kann sich des früheren Seins nicht entsinnen. Sie durchbricht eines Tags (ich hab' es heute mit Staunen bemerkt) den fabeldünnen Stahlpanzer, den sie ... wenn man nur wüßte, woher ... bekommen hat. Schlüpft als ein Wesen mit Flügeln heraus ...

Ist es nicht ein unerhörtes Wunder? Kann sie noch einen Schimmer vom früheren Dasein hegen? da sie doch jetzo fliegt, vormals indes jämmerlich gekrochen ist?

Kann dies Geschöpf, das nun luftig oben wohnt, sich noch vorstellen, daß es in versunkener Zeit und vor einem riesigen Einschnitt (der eben so lang war, wie ihr »Leben« dauert) am Erdboden tief auf dem Bauch sich mühselig fortgewälzt? mit höchster Muskelkraft langsam an senkrechten Gegenständen sich emporgewunden hat? Sie fliegt jetzt ...

Ich glaube, keinen Dunst hegt sie!

V.

Wie ein ganz junges Tier sitzt das ausgekrochene Flügelwesen in der Luftwelt – vielleicht so wie ich eines Tags in einem andren Bereich sitzen werde; wenn mein Todesschlaf (meine Einwinterung!) um ist. Ich werde dann auch nicht ahnen, daß ich ein deutscher Schriftsteller ohnegleichen war.

(Aber wo werd' ich sitzen – und in welcher Gestalt? ...)

VI.

— — — — — — — — — — — — — — — — — —

Aus meiner Raupe ist was Mottenhaftes geworden, mit schwarzen Flügeln; ein gelbbrauner Tupf auf jedem hiervon.

Ahnt sie nun wenigstens, wo sie hockt? Wird ihr etwa dämmern, daß es ein Bibliothekszimmer ist? Daß unter diesem Fensterbrett Heizröhren eine bestimmte Bedeutung haben, von studierten Menschen zu bestimmtem Zweck hergerichtet? Kann sie einen Begriff kriegen vom Wesen dieser (Zimmer-) Welt, in der ich sie zur Welt kommen ließ? Kann sie wissen, daß sie einen Umzug aus der Stadt nach dem Grunewald mitgemacht hat? im Herbst auf einen Möbelwagen verladen, dann ausgepackt?

Ahnt sie, daß ich eine Art Gott für sie bin, der ... nicht bloß die Stätte der Geburt aus überlegener Machtvollkommenheit festgesetzt: sondern auch ihr Werden beeinflußt (durch Tabaksrauch; durch den Platz an der Heizung; durch Zurechtrücken an die Sonne; durch Hin- und Herwürfeln; durch die Auswahl der Blätter) – beeinflußt hat, zum Schlechten wie zum Guten?

Hat das Tier von meinem Sein einen Schein?

Das schon, wenn ich sie anfasse – aber nicht, daß ich ihr Jehova bin; ihres Schicksals Urheber; und bloß ein Teil-Urheber ...

VII.

So ein Flügeltier wird sehr dumm sein, aber man setze statt dessen ein hochgescheites Insekt, etwa die Ameise ... auch diese Genierasse (möcht' man sprechen) würde trotzdem, und wenn man ihr noch so gut zuredete, keinen fernsten Dämmer haben, was los ist.

Haben wir einen? ... welchem Zweck unsre Aufenthaltsstätte dient? wer unser Schicksal beeinflußt?

(Vielleicht sind es fabelkleine Geschöpfe ...)

VIII.

Die umgezogene Raupe, deren Auferstehung ich gelenkt habe, sitzt hier neben dem Tagebuch, auf eines Drachenbaumes Zweig, den ich im vorigen Frühling auf der Kanareninsel Teneriffa gebrochen habe ...

Ein abgebrochener Zweig – abermals ein Wunder. Vor einem Jahr gebrochen? der mußte längst verdorrt sein, er lag unbeachtet in einem offenen Schrein bei mir, neben karthagischen Münzen, arabischem Gerät, einem Stück attischen Marmors – doch der zerbrochene Zweig trug so viel Sonne, von drüben, in sich: daß er eines Tags zwischen diesen Gegenständen auszuschlagen begann, (ohne Wasser, ohne Erde), saftig-lichte Blätter bekam; daß immer neue sproßten – daß er jetzt (vor einem Jahr gebrochen und lag immer nur so herum!!) ... daß er jetzo noch neue, hellgrüne Drachenblätter bekommt – wenn auch der grünbewarzte Zweig ein bißchen magrer geworden ist ... Er liegt immer nur so herum und kriegt noch saftige Blätter.

IX.

....

Ich nahm ihn, trug ihn hinüber ins Arbeitszimmer, gab ihn dem von mir ... erzeugten (hätt' ich fast gesagt) Flügeltier, nun sitzt es darauf – und ahnt nicht, welche Reisen Das gemacht hat, worauf es sitzt. (Hoffentlich wird es von der kleinen Bulldogge nicht erschnappt – denn sie schnappt nach allem ...)

Seltsame Welt.

X.

(Über die Bulldogge rasch die Bemerkung, daß sie noch furchtbar dumm ist. Dumm, anschmeißig, lebhaft, verspielt, von einer putzigen Schönheit. Und wenn wir uns auf der Erde wälzen, das kleine, starke Vieh seinen weißen Bauch, seine Kugelaugen, seinen großen Froschkopf zeigt und nach mir schnappt – und den Eindruck eines Kindes mit stählernen Muskeln macht, ... so ist das ein Fetzen Glück.

Doch in was für einer Welt?)

Die Glühraupe

I.

Es wird schwüler in Berlin.

»Wie wär's«, murmelt man vor sich und erhebt den Zeigefinger senkrecht, »wenn man beispielshalber nach der Auvergne machte? ... Oder wer wollte mich hindern, in die Gefilde der Garonne zu eilen? ... oder das Mont-Dore-Gebirge zu beklettern, hä?«

II.

Mittlerweile fährt man, Abschied zu nehmen, auf eine Besitzung im Havelbezirk. Manche dieser Gartenabende sind schön. Am schönsten, wenn es dunkel geworden ist, und phosphorliches Getier zu wirken beginnt.

Was ist es? Glühwürmchen kaum.

Es sind, wenn ich so sagen darf, Glühraupen. Merkwürdig. Das kriecht, hat ungefähr acht oder zwölf Beine – und ein Teil des Körpers, welches aber nicht der Kopf ist, erglüht.

Der glühende scharfgrün glühende Teil ist so groß wie eine Schotenerbse; und man sieht nur diesen Teil des Tiers im Dunkeln.

III.

— — — — — — — — — — — — — — — —

Durch einen Laubengang wandeln blonde Töchter, junge Frauen mit einem märkischen Pastor, der lustiger ist als alle, – das Blinkfeuer glimmt bald hier, bald dort.

Eine Schlanke kommt auf den guten Einfall, in ihr Haar, dessen Fülle keinen andren Schmuck zeigt, so ein Glühtier zu setzen.

Die andren machen es nach. Ihr Haar leuchtet im Dunklen. So schlendert mit lebenden Glühkörpern im Haar die Damenschaft herum, durch den Abendgarten, im Havelbezirk.

IV.

. . . .

Ich stecke behutsam eins der Tiere zu mir, nachdem es in Blätter gehüllt, ihm Luftzufuhr gelassen ist. Es soll jeden Abend bei mir leuchten; im Arbeitszimmer, nahe beim Klavier, wenn das Dunkel kommt.

Zu Haus werden aus einem Schächtelein die Opale, so drin herumliegen, entfernt, die Glühraupe kommt hinein; vier große Luftlöcher sind in das Deckelchen gebohrt.

Aber das leuchtende Vieh will nicht. Es entweicht durch eines davon (mitten in der Nacht); kehrt listig durch das offene Fenster in die Natur heim.

... Ich tröste mich durch Verunglimpfung deines Andenkens: »Du hast nur mit demjenigen Teil geleuchtet, mit dem ich –!«

Arme Drosseln

I.

Seinen letzten Tag hat er gehabt, der Vogel, den die Schaffnerin Eurykleia auf einem Mauervorsprung tot fand (und vom Einholen mitbrachte). Hunger und Kälte. Niedlich lag er, im Frosthauch vereist.

Sie nahm ihn mit, obschon ihr Blut von bäuerlicher Abstammung nicht zärtliche Wallungen für Tiere kennt. (Das vornehme Wesen eines weißen Katers bleibt ihr verschlossen, sie giftet sich im Stillen, wenn er wie ein edler, feinfühliger Mensch behandelt wird.)

Aber die Frosttage, worunter sie selber litt, ließen sie auch für ein Tier erbeben. Sie legte den Stieglitz, ihren sauber gekämmten Kopf schüttelnd, an den hierfür passendsten Ort, auf das Klavier.

II.

— — — — — — — — — — — — — — — — — —

Die armen Vögel gehn schaurig zugrunde.

Weh tut es im tiefsten Herzen, wenn ich bei einem raschen Gang durch vereiste Straßen unsrer Siedelung die Drosseln beobachte, die sonst ein leichtherziges Dasein geführt.

Manchmal denkt man, wenn so ein Tier ganz langsam über den Weg schreitet: wenn es doch schon tot wäre! Wenn es doch schon ausgelitten hätte!

Aber das quält sich, mühsam wird jeder letzte Nerv bis zum

äußersten gepeitscht – ehe langsam und von Trugaussicht unterbrochen, die Erlösung naht.

Es macht einen schrecklichen Eindruck, wenn die Drosseln, die sonst gleich aufflogen, wenn man vorüberging, jetzt starr sitzen bleiben; hochgucken; ... weil sie zur Flucht nicht mehr die Kraft haben.

III.

Kalte Folter; wildeste langsame Pein. Man geht über die weiße Frosterde. Es hallt hart. An andren Stellen quietscht der Schnee; manchmal fängt er beim Stiefeltritt schon mehr an zu kreischen.

Es gibt hier im Wald und in den Waldstraßen mit Häusern ein merkwürdiges Kreischen des Schnees.

Da kreischt unhörbar die Qual aller Drosseln. Aller Geschöpfe.

Die Blaumeise

I.

Es ist schwer, zu schreiben ... nein, zu diktieren, wenn eben der Blitz schrägüber eingeschlagen hat. Und wenn der Donner fortfährt, eine schrecklich krachende Musik zu erheben. Dieser Sommer ist verrückt. Das Gewitter steht über uns. Derartiges hab' ich kaum gekannt – dunkelgrau die Luft, wie vor dem Weltuntergang.

... Die Schreiberin hat einen fürchterlichen Klecks gespritzt, ist aufgesprungen, mit Geschrei in die hinterste Ecke des Zimmers gerannt. (Wem bleibt es zu verargen, wenn er sich am anscheinend Jüngsten Tag noch durch ein paar erbebende Ruflaute Luft macht, – um nicht sanglos, klanglos unterzugehn?)

II.

Wieder eine Pause; das Fräulein ist erschreckt aufgesprungen. Diesmal war kein Blitz schuld, – – – sondern Lebendiges, von Fleisch und Blut.

Vor dem Gewitterregen hat sich im Arbeitszimmer hoch auf einem Bücherregal ein Vögelchen, eine Blaumeise, versteckt, –

und plötzlich beginnt das zierliche Vieh stoßweis herumzuflattern: indem es mit furchtbarer Torheit immerfort anrennt.

Das hat, huch, dem zarten Fräulein bloß gefehlt.

Zuerst erblickte man allein etwas schwärzlich Flatterndes; da hielt sie es für das Beste, abermals ein Geschrei zu tun.

III.

Dieser Sommer ist wirklich eine Jahreszeit der Naturgewalten. Ich habe jetzt mit Hilfe von einem Stuhl und einem Taschentuch den Vogel gefangen, ihn auf den Söller gebracht und fliegen lassen ...

Das zarte, fühlsame Mädchen (sind so die Schwachen?) hegt nur wütenden Haß gegen das Tierle, den Vogel, – weil er sie erschreckt hat.

Obschon er schuldlos ist. Und selbst ein Gepeitschter.

IV.

Wütenden Haß. Zarte, Sanfte, Stille, Blauäugige.

Die Nachtigall

I.

Alle Abend fängt im Garten dieses Vieh zu singen an. Es schmettert die Nacht hindurch, flötet, zirpt, rollt, zwitschert, pfeift, singt, fragt, stockt, legt los, entfaltet sich, schwillt, wirbelt, klagt, juchzt ...

Aufdringlich. Die Nacht hindurch.

II.

Wenn die Nachtigall abends nicht rechtzeitig anfängt, loslegt, einsetzt, kommt man sich verstoßen vor.

Wenn sie dann begonnen hat, im Dunkel, schleicht man in den abseitig baumbestandenen Teil des Gartens, tritt hierbei dem Pförtner und seiner Gemahlin aufs Kreuz – und murmelt: »Pschscht! ... Ich dachte schon, sie kommt heute nicht.«

Der Pförtner will antworten, aber die Frau macht »Pschscht ...!!«

III.

Nach einer Weile flüstert die Frau in einem geheimen Ton, als ob ihr Leben vor etwas Lauerndem rasch zu retten sei, – sie flüstert, sag' ich: »... Wir ... dachten ... auch ... schon ... sie ... kommt ... heute ... nicht.« –

IV.

»Pschscht ...!«

— — — — — — — — —

Das Vieh singt, als ob es verrückt und gefallsüchtig wäre. Es gurgelt, wimmert, jauchzt, schmollt, lacht, heult und (wie man in Schlesien sagt) »tälscht« – ja, so sagt man in Schlesien; die Nachtigall tälscht, will sagen: benimmt sich albern, sie führt sich kindisch auf.

Aber es klingt unsagbar schön. –

»Pschscht ...!«

V.

. . . .

Sie macht immer Pausen wie Sängerinnen, wenn sie Atem holen. Verschnauft sie mal ausführlich, so fang ich an zu pfeifen, – sogleich erwidert sie den Ton. Sucht ihn zu überbieten (was ihr nicht schwer fällt) – das holde Vieh läßt sich nicht lumpen.

»Pschscht ...!«

Nach einer Frist sagt der blonde Pförtnerich in vermeintem Flüstern, das wie eine Pauke dröhnt:

»Se ... sitzt ... uff ... de ... Weide.«

VI.

— — — — — — — — — — — — — — — — — —

Die Frau, wie von dem Verbrecher bedroht, zischelt verröchelnd:

»Janz ... hinten ...! ...«

Der Fuchs

I.

Abends; an der Havel; weit draußen. Heiße Tage, – der Mensch sehnt sich nach Wasser.

Die rechte Kühle kommt nie. Die Leute sind schweigsam, fast bedrückt.

Ein sogenannter Herrschaftskutscher hat einen jungen Fuchs an der Leine; das Halsband ist dem hübschen Waldtier umgelegt. Alles staut sich um den Fuchs.

Alle Weiblichkeiten wollen ihn liebkosen. Der Kutschmann hat ihn hochgehoben, der junge Reineke blickt über seine Schulter. Arglos sind die Züge des jungen Geschöpfs – es ist »von diesem Jahr«.

»Das Kerlchen sieht noch so anständig aus«, sagt jemand zu dem Kutscher. Jawohl, meint er, das Gesicht ist noch unverdorben; später, wenn er länger im Wald gehaust hätte, da könnte man was erleben. So der Kutscher.

Alles in Tüll und Mull streichelt sachte das Fell des Jungfuchses; eine fährt an den Ohren lang; (eine befaßt freundlich die buschige Rute).

II.

Das Tier ist so groß wie ein reifes Katzel. Entzückend, mit verweinten Augen schaut er – wirklich noch jugendrein und ahnungslos. »Reinke de foss! Reinke de foss!« Neckend und zart wird er umgeben; fühlt sich bei alledem gar nicht unwohl, staunt nur etwas in die Welt hinein, in das holde Abendlicht, in die stille Feuchte, die vom Fluß dringt.

Er guckt auf die schwarzen Schleier, die vor den Gesichtern mit einem schwarzen Rand am unteren Ende getragen werden: so daß der schwarze Rand wie ein Amibändchen um den Hals geht. Sehr kleidsam. (Wer ist niedlicher: der Fuchs oder die Streichelnden?)

III.

Der Kutscher hat ihn zur Erde gelassen, jetzt hebt er ihn abermals hoch – aber wie? Er zieht nur die Leine zu sich empor, das Füchslein zappelt hieran.

Ein Wehgeschrei; der Kutscher lächelt: »Solch Beest kann viel verdragen.« Anhänglich legt es nun seinen Kopf an die Backe des großen starken Mannes, wie ein Kind, aber die Augen leuchten etwas wölfisch.

IV.

Die Dämmerung schwebt niederwärts, die Schwärme zerstreuen sich, schlendern weiter, der Kutschmann verschwindet mit dem Fuchs.

V.

— — — — — — — — — — — — — — — — — —

Dort hinten liegt Berlin – dort muß es liegen.

Ein Pier führt hinaus; da träumt ein umdunkelter Dampfer, schlafsüchtig. Ist niemand drauf? Doch; es ist jemand drauf; man sieht es an Pfeifen, am roten Brand.

Ein kleiner Schwarm klettert im Dunkel an Bord.

– »Wir fahren heute nicht; erst nachts um drei Uhr zwanzig.«

– »Dürfen wir eine Stunde an Bord bleiben?«

– »Jerne.«

Zwei Gruppen auf dem Dampfer. Die Schiffsleute mit ihren Frauen ... und der kleine Schwarm. Die Gruppen durch den Schornstein getrennt. Das Schiff schaukelt. Letzter Schein von Abendrot am finster gewordenen Horizont über der Havel. Lässiges Geplauder, alle haben den Drang, sich kühlen zu lassen ...

»Hier wird man seekrank«, sagt eine Stimme, die Schiffer lachen. Im Traum verdämmern drüben die Ufer, das Schiffchen schwankt stärker. Etwas, das man auf Salzwasser eine Bö nennt. Die Herren klappen die Rockkragen hoch. Auf der Brücke steht plötzlich ...

VI.

Auf der Brücke steht plötzlich der Fuchs, die Augen leuchten, aber jetzt hat ihn am Halfterband eine Dame, weißgekleidet, riesengroß, hoffnungslos.

Wie der kleine, kleine Fuchs einen drolligen Gegensatz bildet zu der Statue; der Gemahl steht daneben, der Kutscher hält sich im Hintergrund. Zu »Frauchen« ist Reineke zutunlicher als vorhin. Benimmt sich nun froh wie ein tapsiger Lümmel.

Windstoß. Alle fühlen plötzlich mit Behagen die Wärme des Schornsteins. Absonderliches Wetter.

Dort hinten liegt Berlin.

VII.

. . . .

Der Schornstein reicht nicht mehr aus. Der Schwarm holpert zähneklappernd den Pier entlang.

Soll man im Garten bleiben? Lieber nicht. Aber da ist ja ein Saal, mit Parkettfußboden, alle Türen weit auf, daraus kommen Klaviertöne. Dort hinein. Ein Kellner sitzt und spielt Schiebtänze. Zwei Paare tanzen Onestep, Tango, was du willst. Verboten und ... meisterhaft.

Die Damen des Schwarms ziehen den Schleier hinab, daß der schwarze Rand, das Amibändchen, unter die Gurgel zu sitzen kommt.

Die eine Tänzerin trägt ein Stickereikleid, weiß von oben bis unten, der Partner mit abgenutzten Zügen hebt kaum die Beine, macht alles mit der Fußsohle, – glänzend. Das Schwerste bleibt, wenn dieser Tanz in Synkopen getanzt wird, immerzu nachklappt; wenn man sozusagen gegen die Musik tanzt und wider den Takt ... Das abgenutzte Gesicht will ein übriges tun (offenbar ein Österreicher) – er klatscht mit der flachen Sohle dermaßen, daß ein taumelnder Gegenrhythmus erzeugt wird. Ein Neigen, Zusammenknicken, Wackeln, Schieben, Untertauchen, Hochkommen mit überraschendem Gedreh' ...

VIII.

Je mehr die Tanzpaare bemerken, daß man sie bemerkt, je mehr wächst ihre Frechheit. Es ist kein Tanz mehr.

Zwei Paare drehn sich, nein, wandeln, schreiten, wackeln, schieben, tauchen – vom Fenster gucken die zwei grünlichen Lichter des jungen Fuchses halb schmerzlich, wie beleidigt, auf das Sonderbare; dahinter Frauchen, die den Schleier ordnet.

IX.

Was denkt sich dieser Fuchs?

Affen lernen Affen werden

I.

Frischgeborene Affenwesen, so groß wie ein Kompotteller. Jedes von den Kerlchen hat aber ein vollkommen ausgebildetes Menschengesicht, mit weißem glatten Menschenfleisch.

Ein kleiner Vollbart umrahmt das winzige Antlitz, – mit den klugen, schwermütig-besorgten Augen.

Der Putz ist ein Homunculus.

II.

Wir Menschen können lange nicht mehr so gut klettern, springen, schwindelfrei schaukeln.

Ich sehe jedoch, daß auch bei dem geschickten Stamm der Affen die Geschicklichkeit erst erlernt werden muß. Ein neugeborner Affe muß das Klettern und Springen lernen – mag ihm auch eine große Begabung in die Wiege gelegt sein!

Der Kompottelleraffe zeigt sich noch als unsicher tapernder Neuling. Sieht jämmerlich aus den bestürzten Äuglein, als ob er gekränkt wäre. Von so vielem Lärm der Gefährtenschaft; von allem Dahinspringen; von diesem rücksichtslosen Hüpfen, Wippen, Hinauflaufen, Essen, Werfen. Er kann es noch nicht.

Er scheint zu sagen: »Wann werde *ich* soweit sein? Das Leben ist schwer! Wo treibt sich meine Mama herum?«

Da kommt sie.

III.

Mit einem Griff hat sie den ratlosen Bengel um die Mitte gefaßt, sie macht gar nicht Halt, um ihn zu nehmen – sondern im Vorbeiflitzen schwenkt sie ihn an ihr Herz. Mit ihm eilt sie, tanzt sie, klimmt sie, hupft sie ... irgendwohin. Der Kleine scheint sich wohl zu fühlen, er kommt gar nicht zur Besinnung vor Wonnc.

IV.

Dann gibt es etwas Ältere, dennoch blutjung, die sind schon über die Anfangsgründe des Lernens weg, beherrschen alle körperliche Geschicklichkeit schon so gut, daß es sie lockt und jückt, was davon zum Besten zu geben.

Für mich ist kein Zweifel: der jugendliche Affe spielt sich mit seinem Können vor Zuschauern auf. Er tanzt. Ja, merkwürdig: er benimmt sich mit vollem Bewußtsein als ein Komiker; er tut, als ob er hinke, immer an einer bestimmten Stelle des Tanzes, dann dreht er sich blitzschnell nach der andren Seite ... wirbelt herum in jauchzender Seligkeit.

V.

Aber jetzt, uäh, ein alter Mandrill. Das ist ein großes, ernstes Tier mit untersetzten Gliedmaßen, das breit im Hintergrund hockt, rechts und links von der Nase blau und rosa tätowiert, mit einem furchtbaren Hintern. Der betagte Mann ist griesgrämig – und haut dem Kleineren eine Tachtel, weil der so frech ist, in Greifnähe zu kommen.

Er grollt sichtbar dem tänzelnden Lümmel; beneidet ihn (das ist ganz deutlich) um die Gaben der Beschauer.

Als es ihm zu toll wird, kommt er wuchtend nach vorn, ans Gitter, vertreibt alles Junge mit einer grimmen Bewegung des muskelharten Arms. Er scheint zu knurren.

VI.

Im Brotneid wie im Haß des Einen wegen der Beliebtheit des Andren: hier offenbart sich der Charakter dieser Kerle. Peinlich und entzückend, wie das offen zu Tage liegt, was bei Menschen durch allerhand Worte, Brimborium, Theaterspielen, Umständlichkeit verhüllt, überlogen wird.

Ein kleiner Mensch, ein Hosenmatz, wird zornig über das neugeborene Brüderlein. Später lernt er vertuschen, sich im Zaum halten, über die Gesinnung täuschen, kurz: ein feines Benehmen haben – (bis der Krieg Aller gegen Alle das mühsam Anerzogene mit einem Schlag hinfällig macht.)

Im Käfig zeigen nicht bloß die älteren Affen Mißgunst gegen die Jungen – auch gleichaltrige legen ein scheeles Gefühl mit bestürzender Deutlichkeit an den Tag.

Keiner gönnt dem andren, wenn der in aufgekratzter Stimmung ist, die Luft zum Atmen.

Den Kompottelleraffen hindert bloß die Unbeholfenheit im Klettern vorläufig, ein Schurke zu sein.

VII.

— — — — — — — — — — — — — — — — —

Kommt kein Schimpanserich mit sanften dorngeritzten Zügen, der geniehaft und ahnend lehrt: »Entwickelt euch hinauf!« –?

Oder der mit bewunderndem Blick auf die höhere Gattung sagt:

»Schwindeln ist immerhin besser als … noch nicht einmal schwindeln!«

Der Kater Miezislaus

I.

Ostereier im Garten sind schön – wenn ein kleiner liebenswerter Kater mit weißer Pfote danach langt, sie davonkugelt, sich in fünf Schritt Entfernung platt zur Erde duckt … und darauf einen Sprung tut, hinter dem jeder noch so achtungswerte Hase zurückbleibt.

II.

— — — — — — — — — — — — — — — — —

Sommer. Kein Regen. Kein Hauch. Die Luft erstickend.

Der Kater Miezislaus streckt alle Viere von sich; sein weißes Fell hat er auf den durchwärmten Steinboden des großen Söllers oder: Luftbads hingefläzt; wie ein Erschoßner liegt er da.

Diese Tiere haben die feinsten Nerven. Der feine Schnurrgesell dient als Thermometer. Habe kein andres. Sobald er sich behagzärtlich anschmiegt, auf meinen Knien wie eine Orgel schnarcht: – dann weiß ich, daß etliche Grad (es brauchen nur zwei zu sein) weniger sind.

III.

Bei dieser Abneigung vor dem Frösteln sollte man glauben, daß er Hitze vertragen kann, denn die Angorareihe seiner Mütter stammt aus Asien. Ist ein Trugschluß; Hitze scheint ihm so unangenehm wie uns.

Da stirbt sein Hang zur Geselligkeit – und wenn man ihm neckend mit dem Zeigefinger an der zarten Gurgel entlang fährt, lächelt er zwar, schnurrt aber nicht.

(»Ich will mei' Ruh' ham!«)

IV.

(Kranken-Tagebuch)

Mein kleiner schneeweißer Kater ist in den Garten hinuntergefallen, vom zweiten Stock. Ein Mitmensch, dessen Vorderbein zum Arm noch nicht entwickelt ist. Wenn er die Nacht auf seinem Kissen, mit ulkig gekniffenen Augen (kleiner Bogenstrich), die Ohren steif, zusammengerollt, in Atemzügen durchpennt hat; wenn er sich beim Aufwachen reckt wie ein Kind, gähnt wie ein Erwachsener, die Vorderpfoten hoch an mein Knie legt …

V.

Als ich ihn für eine Katze ansah, hieß er Miezl. Als deutlich wurde, daß er ein Kater sei, hab ich ihn folgerichtig Miezislaus genannt.

Rennt außen an Fenstersimsen entlang, springt bald in irgendein Zimmer, rast über Teppiche (man sieht einen weißen Fleck huschen, schnellen, kauern, schleichen, schwinden, vortoben) – Bin längst hier Nebenperson. Einer ist Herr: der junge Miezislaus.

VI.

Abgestürzt, weil er an die festen Weinranken gewöhnt war, welche das Haus beklettern, und eine morsch wird. Katzen sollen stets auf die Beine fallen. Aber nirgends gesagt, daß beim Sturz keine inneren Verletzungen. Der arme Lümmel. Heraufgebracht. Fiebernd auf einem Sofa. Nach Ärzten telephoniert. »Sprechstunde.« Verpackt. Von der Schaffnerin Eurykleia hingefahren. Hüfte eingerenkt – die nie ausgerenkt war. Patient wehrt sich wie ein halbes Dutzend Männer. (Habe dann festgestellt, daß er, wenn man das wirklich erkrankte Glied verbindet oder bestreicht, still hält wie ein junges Mädchen, dankbar aussieht, gewissermaßen die Zähne zusammenbeißt.)

Beckenknickung; der kleine Mann ist fünf Monat.

Fliegt nicht mehr über Teppiche, täglich schwächer. So schwach, daß eine plötzliche Sanftmut in ihm ausbricht. Legt sich auf den Rücken, verschränkt Vorderpfoten, wie leidende Dame. Dankbarkeit, fast Zärtlichkeit. Bekommt weiche Eier zu fressen – wofür er sich sehr ins Zeug legt.

VII.

Man spricht vom selbstverständlichen Maßhalten der Tiere, sie seien vernünftiger als wir. Ist aber nicht wahr. Maßhalten hieße: mit geknicktem Becken keine Sprünge machen. Aber die Katzennatur so stark, daß er den Zustand vergißt – nach ungeheuren Sätzen, Klettereien, Seiltanzversuchen schwere Rückfälle bekommt, erschöpft liegen bleibt. Der angeblich sichere Instinkt hat ihn mitnichten gewarnt.

Muß Patienten in ein Zimmer ohne jede Klettergelegenheit schaffen. Bald lieblich, froh, gesund.

Mit seinem Instinkt wär' er verblutet.

VIII.

Ein Hund ist um der Treue willen treu. Andre Tiere sind Selbstlinge. Miezislaus gewiß. Stiftet jedoch Gutes auf einem

Umweg: durch unsterbliche Schönheit possierlichen Reizes; durch das Gehab.

(Die zwei Seiten der Ethik.)

Wenn Miezislaus eine Gesichtshälfte, nachher die andre mit beleckter Pfote wäscht; wenn die Ohren drankommen, über die er huschend hinfährt. Wenn das weiße Katzentier, auf den Sand gegangen, Spuren sorgsam durch Scharren mit der Pfote deckt. Wenn er über einen Schreibtisch flitzt, worauf ein Tintenfaß, ein Leuchter, Blumen in letzter Unordnung stehn, und alles ganzbleibt – kraft einer geniehaft-geschickten Anmut solcher leisen, wachen, flinken, blitzklugen, edlen, scharfen, sachten Tiere ...

Er mag ein Selbstling sein. Er hat sein Ethos im Hupfen.

IX.

Wenn er den rosa Rachen aufsperrt, die rosa Nase zur Decke hebt, wenn er die Lippen bezüngelt ... Wenn er auf dem Diwan liegt, er zu schnurren anfängt, er einem zuguckt (»Nöch?«) ...

Der junge Mann sieht, wenn er im Einschlafen ist, wie ein venezianisch uralter Patrizier aus ... Manchmal, wenn er im Wachen den Kopf auf die Brust senkt, diese Brust vorschiebt, die Vorderpfoten ganz rund macht ... dann wieder hebt er die Nase hoch empor, sieht großäugig ins Licht – das ist etwas ...

Kleiner, himmlischer Kerl, ahnungslos in der Welt ...

Ausgeliefert; preisgegeben. Ich bin das Schicksal. Ich kann ihn mit Pflanzen beköstigen (und sanft sein lassen) – oder mit Fleisch (und scharf). Soll ich ihm eine Kätzin bringen ... oder ihm das für Lebenszeit unterschlagen? Soll ich ihn abrichten, hoch über alle Kater? Soll ich ihn Baldrian riechen lassen, daß er irrsinnig vor Glück und Betrunkenheit wird? Oder soll ich in sein Futter etwas tun, daß er morgen nicht mehr aufwacht? Ich kann es ... Stehst denn Du dort? Ich selber stehe dort – vor mir mein Besitzer (oder sind es mehrere?), die mich füttern und glücklich machen und wild und sanft, und mich töten.

Ich heiße Miezislaus, und wer ist mein Herr?

(Ende des Kranken-Tagebuchs.)

X.

Die Schaffnerin Eurykleia hat im Krieg den Plan gefaßt, die Ihren auf dem Lande zu besuchen. Nach acht Tagen noch nicht zurück. Ich bin allein. Ha, Schlange! Einen Fuß will sie (Postkarte) sich verstaucht haben. Sie sitzt in der Heimat und ißt sich an. Unsereiner kann ja sehn, wie er fertig wird. Schlange! Boa constrictor.

Dabei hat sie ihren Karnalljenvogel zurückgelassen, neben ihm eine Tüte – und einen Zettel, auf dem sie ersucht, ihm täglich Futter zu geben. (Unten steht: »Bitte auch das Näpfgen immer mit frisch Wasser fillen!«) Ich tue das knirschend jeden Morgen. Als Menageriewärter angestellt.

Das Gelbvöglein benimmt sich wie ein Geisteskranker, sobald ich in die Nähe komme. Dann, wenn er sein Futter im »Näpfgen« hat (denn ich tu's hinein) – fängt er nach einer Weile zu tirilieren an, als ob er für die Stunde bezahlt kriegt.

Ich erfasse dann das Tuch, das ich zur Nacht über ihn hängen soll, und mache, bei Tag, wie man in Preußen sagt, »Zappen duster«.

XI.

Nie darf beim Weggehn vergessen sein, das holde Vögelein von dem Kater zu trennen. Halb hat sich zwar ein Auskommen gebildet – wenigstens mangelnde Angriffslust; was gewiß auf die Pflanzenkost zurückzuführen ist.

XII.

Der Kater setzt sich vor das Gehäuse, guckt friedlich dösend auf den Zwitscherich und senkt den Kopf etwas nach der Seite. Der Kleine verstummt einen Augenblick. Manchmal schmettert er unvermittelt und rollt, so daß der Kater einen Schreck bekommt und rückwärts geht. Er tut ihm nichts.

Nur wenn die Dämmerung naht und der Kanari schlummrig und still wird, gehn die Ohren des weißen Betrachters hoch, während er den Kopf ein bißchen einzieht und jede Atembewegung des Vogels verfolgt. Er sitzt wie in Erz gegossen, und plötzlich …

Plötzlich hebt er eine Pfote zur Höhe seines eignen Kopfs,

bleibt so, starr, gespannt und absichtsvoll, aber noch zögernd: es zieht ihn mächtig hin ... Ich mache jetzt am Schreibtisch ein kleines Geräusch, er guckt mich an, läßt die Pfote sinken und zieht sich mit schlechtem Gewissen zurück. Aber herrlich, kindhaft und machtvoll gucken dabei die schönen Augen. Der Vogel schnarcht weiter; in Abrahams Schoß –.

XIII.

....

Die Welt steht in Waffen – doch wer nach Lankwitz, zwischen Berlin und Lichterfelde, kommt, findet staunend, daß wir in dieser mörderischen Zeit für Tiere sorgen.

Dort liegt das Tierheim – und wer ein liebes, weißes Katertier in seiner Abwesenheit gut aufgehoben wissen will, der bringt es dorthin. Die Katzenabteilung ist wohnlich. Hier wird der Kleine nun angesiedelt, für ein paar Sommerwochen. Er hat's gut. Einen Käfig für sich allein. (Angorahalbblut! Verwöhnt!)

Der Käfig hat einen Ausweg – auf den Tummelplatz. Ja, jedes Tier besitzt einen eignen umzäunten Spiel- und Tummelplatz. Hier sind Gegenstände zum Klettern, – durch den Zaun kann er mit Nachbarn rechts und links (wenn er in Stimmung ist) Gespräche führen ... Hier wird er glücklich sein, das merkt man – auch wenn meine Hand ihm ein paar Wochen hindurch nicht am Fell entlangfährt.

Ich schreibe das heut nachdenklich ins Katzentagebuch.

XIV.

Der kleine weiße Kerl ist im Tierheim an gehacktes Roßfleisch gewöhnt worden. Daneben gab es Fische; wie der Hüter gestern erzählt hat, als ich ihn, den Weichen, Weißen abholte.

Mehr als zwei Monat' war er in Pflege dort ... Von dem Glück, das Tiere beim Wiedersehn nach so langer Zeit empfinden, bekam ich staunend einen Beweis: als der Wärter mit mir vor die Käfige ging, wo in langer Reihe neben- und übereinander schnurrende Geschöpfe mit sachten Pfötchen, rosa Ohren untergebracht sind.

Mein Miezislaus befand sich grade draußen in seinem Garteneil: in dem für ihn allein bestimmten Tummelplatz. Durch ein Loch in der Mauer können die Tiere hinauf in den Käfig schlüpfen, wenn sie schlafen wollen; oder wenn's regnet.

Ich stand in dem kleinen Raubtierhaus, ließ ganz leise den Merkpfiff ertönen – da jagte rasend ein weißer Fleck durch das Loch, in aufgeregtem Husch-Husch bis an das Käfiggitter, wo ich stand ... er wollte mit dem süßen weißen Kopf durch das Drahtgeflecht. Er gab einen Ton von sich, das war kein Miauen, sondern schon mehr ein Gebell. Er ruhte nicht, bis man durch den Zaun mit dem Finger den hingestreckten Kopf berührte.

Als dann das Pförtlein geöffnet war, sprang er mit einem lautlosen Schwung auf meine Schulter, blieb in Wonne dort sitzen und kutschierte mich reitend aus der Anstalt hinaus.

XV.

Wir fuhren heim, – ich dachte: der Bursche zerplatzt vor Glück. Überall sah er nach, ob in der Wohnung noch alles da ist. Schon als er die Treppe hinaufging, sich auf jedem Absatz nach mir umguckte, war er selig. Dann, bevor nach dem Klingeln geöffnet wurde, saß er wartend, verzückt-gespannt vor der Tür. Ich hätte nie für möglich gehalten, daß auch Katzengeschöpfe so ihren Dank, ihr Verbundensein, ja den Jubel des Zusammengehörens äußern könnten.

Wo ich saß, sprang er auf mich. Sobald ich den Platz wechselte, kam er, bohrte wie ein Bock den Kopf gegen mich – das ist bei ihm ein Zeichen hoher Zärtlichkeit.

Nicht zu bändigen vor Liebe. Mit der edelsten Feinheit einer holden Kreatur. Groß und stark geworden, blendend weiß (dort gab es keine Dachrinne, wo man sich wälzen kann); prachtvoll war für ihn gesorgt. Die schönen Augen leuchteten, auch wenn er sie einkniff. Und sofern Tieren seiner Gattung die Gabe der Musik verliehen wäre, – Arien hätt' er gesungen.

(Braucht nicht zu singen! Wenn er schnurrt, ist es Musik. Er schnurrt jetzt, wenn er mir auf den Knien lagert, wie ein Teekessel: »Heimg'funden!«)

XVI.

— — — — — — — — — — — — — — — — — —

Windsbraut der Revolution ... Warum, alle guten Geister, will diese Menschheit nicht zur Ruhe kommen. Warum immer Krawall und Gefauch und Gekratz?

Einer, den ich kenne, freilich kein Mensch, sondern ein liebes seidenweiches, weißes Tier, das kam zur Ruhe. Es kratzt und faucht nicht mehr. Fünf und ein halbes Jahr hat es mir Gesellschaft geleistet. Miezislaus war sein Name. Kein Zahn kann ihm heute noch weh tun. Er hatte nur einen kurzen Schmerz zu überstehn – mehr einen Schreck als einen Schmerz.

XVII.

In dem vergangenen Herbst (um die Zeit, als Du, Inge, starbest) war es nicht möglich, ihn länger in der Wohnung zu haben. Er kam zu den Pförtnersleuten. Da gefiel es ihm nicht. Aristokrat vom Scheitel zur Sohle; vielmehr vom weißrosa Spitzohr bis zum rosa Krallenpolster.

Manchmal kam er die Treppen hinauf und saß stundenlang vor der Tür. Wenn ein Briefträger klingelte, hui, ist er gleich hineingeflitzt, stürzte sich auf seine alten Stätten, auf den Diwan im Arbeitszimmer, auf die Stelle des Futternapfes in der Diele, auf den weichen Morgenlandsteppich, wo er sich über Gebühr gern geräkelt hat, auf die Bank im Bauernzimmer, wo er mir beim Essen einst allemal auf die Schulter sprang, um von oben in meinen Teller zu gucken.

(Dann hob er sacht eine Pfote, verlängerte sich, tupfte leis auf den Rücken meiner rechten Hand; das war die Mahnung: »Ich bin auch noch da! vergiß mich nicht!«)

XVIII.

. . . .

Er mußte wieder nach unten gebracht werden. Es ging nicht anders.

Ich wollte schließlich nicht mit einem Tier leben.

XIX.

Der Plan einer Übersiedlung des lieben Kerlchens scheiterte. Wir hatten an dem Bergsee in Bayern eine sächsische Baronin getroffen, die zwei Töchter, zugleich sechzehn Katzen und Hunde besaß. Hier war die Möglichkeit, daß der wonnevolle Miezislaus heitere Liebe (vielleicht auch einen geselligen Wirkungskreis) finden würde. Doch die Verhältnisse damals, auch eine innere Hemmung hinderten es ...

Ich beschloß wiederum, ein Ende zu machen –: so daß er auf dem Gipfel des Daseins in Schönheit, würdig, schmerzlos davonginge. Das war im Herbst.

Meine Bulldoggen, mein Seehund hatten auch durch den Tierarzt geendet. (Und in allen Schmerz um sie floß immer eine leise Genugtuung: wieder unabhängig zu sein.)

XX.

Der Tierarzt kam. Wie vereinbart, mit einem Fläschchen Chloroform. Er fragte: »Wollen Sie dabei sein?« – »Gewiß.« – Der Tod eines Tieres läßt sich schon ertragen.

Er bat um ein großes Tuch. Darein wurde Miezislaus gehüllt, wie in einen Mantel; (bloß der weiße, liebliche Kopf guckte vor).

Der Arzt goß von der Flüssigkeit etwas auf ein Taschentuch; legte das Tuch auf das Gesicht des erstaunten Miezislaus.

Der bekam von dem ersten fremdartigen Duft eine Art Staunen, eine Art Nervenstoß, – biß den Arzt herzhaft in den Finger, unternahm den Versuch wegzulaufen, blieb jedoch betäubt und schlummerig am Ort, schien einmal noch zu erwachen ... und zeigte dann, wie seltsam, ein lächelndes Antlitz. Tiere tun das im Sterben.

(Ich hab's auch an Hunden beobachtet. Es kommt wohl daher, daß der Mund ausgedehnt wird, als ob sie lachten).

XXI.

— — — — — — — — — — — — — — — — — —

Schlummernd für ewig lag Miezislaus im Badezimmer auf der Birkenkommode.

Nachmittags fuhr Eurykleia mit ihm in eine Waffenhandlung, welche Tiere künstlich auszustopfen unternimmt.

Ich gab an, welche Stellung meines alten, süßen, süßen Gefährten ich verewigt haben wollte. Das ist gemacht worden …

XXII.

Jetzt sitzt er unter den Seehunden – nein 's ist ein Mittelding zwischen Sitzen und Liegen; die Pfotchen hat er ganz klein gerollt, er lauscht nach vorn … Seine himmlische Beweglichkeit, seine hohe flinke Anmut waren im Leben stärker, – aber auch jetzt erinnert Etliches daran … Vor allem: es kann ihm nichts mehr geschehn. Er ist gefriedet. Und wenn ich dies Zimmer betrete, mal sein ausgestopftes Fell streichle, oder ihm, wie so oft, das »Goderl kraue«, so nennt man es in Süddeutschland, – dann fühlt er es gewiß nicht. Aber ich; aber ich.

Und er macht sich keine Gedanken über das absonderliche Verwehen dieses Daseins. (Aber ich.)

Inhalt

Gruß an Fahrtgenossen

Gruß an Tiere